JE SUIS
COMME JE SUIS

Révision : Ginette Patenaude
Infographie : Johanne Lemay

Édition exclusivement réservée
aux adhérents du Club

LE GRAND LIVRE DU MOIS

Réalisée avec l'aimable autorisation des éditions de l'Homme

Bibliothèque et Archives nationales du Québec

ISBN 978-2-286-04663-7

ISABELLE NAZARE-AGA

JE SUIS COMME JE SUIS

Connaissez-vous
vraiment
vos valeurs
personnelles ?

LE GRAND LIVRE DU MOIS

À ma mère, à mon père et à mon frère.

L'auteur du présent ouvrage organise des séminaires d'entraînement à l'affirmation et l'estime de soi, de recherche sur ses valeurs, ainsi que le séminaire intitulé « Faire face aux manipulateurs ». Veuillez vous adresser à :

Isabelle Nazare-Aga
28, rue Félicien David
75016 Paris
France

Téléphone : +33 (0) 1- 40-50-60-40
Télécopieur : +33 (0) 1- 46-47-68-43
E-Mail : isanazareaga@yahoo.fr

Avant-propos

À 15 ans, j'ai découvert qu'on pouvait ne pas être heureux ! À cet âge, j'ai eu l'occasion de participer pour la première fois à des ateliers de psychothérapie émotionnelle. J'y ai probablement fait l'une des découvertes les plus importantes de mon existence. J'ai eu la surprise (et la chance) de découvrir que des « vieux » de 40 ans n'étaient pas heureux et souffraient de n'avoir pas choisi la vie qu'ils menaient ! Pourtant, à mes yeux, ils avaient réussi leur vie. Ils la maîtrisaient. J'étais convaincue qu'exercer un métier, travailler et avoir une famille, c'était ça, la réussite !

J'ignore d'où je tenais cette idée saugrenue de la vie et de l'avenir. Je n'avais pas conscience de cette croyance interne, jusqu'au jour où j'ai vu ces grands gaillards pleurer de tristesse ou de colère et exprimer leurs regrets de ne pas avoir choisi l'homme ou la femme qu'ils aimaient, de s'être mariés avec quelqu'un qui ne leur correspondait pas et de se sentir impuissants à s'en séparer. J'ai été témoin de leur désarroi de ne pas exercer le métier qu'ils auraient aimé ; de leur profond regret de ne pas avoir fait ce qu'ils auraient adoré faire de leur vie. J'étais totalement pétrifiée par cette découverte. Le déclic ne s'est peut-être pas produit en une seule séance, mais je me souviens qu'à un moment donné je me suis dit très clairement : « Regarde bien ! Écoute bien ! Toi, à 40 ans, ça, jamais ! »

À 15 ans, j'ai eu la chance de découvrir qu'on pouvait se tromper de chemin et le poursuivre dans la médiocrité ou le malheur !

À 15 ans, j'ai décidé que cela ne m'arriverait pas. J'ai décidé que je choisirais très précieusement ma vie dès que je mettrais le pied dans l'âge adulte… Et c'est ce qui s'est réellement passé.

La liberté que mes parents se sont accordée de vivre selon leurs aspirations a été mon meilleur modèle. De fait, ils autorisaient leurs enfants à trouver leur propre voie.

De l'âge de 5 à 15 ans, je disais volontiers que je voulais « être vétérinaire plus tard ». Étrange idée, car je n'aimais pas tout spécialement les animaux. Néanmoins, j'avais assisté à une consultation vétérinaire pour le chien de mon oncle. J'avais été impressionnée et admirative devant ce soigneur réputé et médiatisé à l'époque. Il avait pris le temps de répondre à mes questions et de m'expliquer certaines choses concernant notre chien, qu'on ne pouvait sauver. Ma première vocation de « soigner les animaux » vient de cette unique heure dans ma vie.

À 14 ans, je voulais être secouriste et je désirais obtenir mon brevet de la Croix-Rouge. « Trop tôt ! » m'a-t-on dit. Ce n'est qu'à 15 ans que j'ai été autorisée à passer un mini-brevet intitulé « Les quatre gestes d'urgence ». Il m'a fallu attendre jusqu'à l'âge de 17 ans pour pouvoir enfin suivre des cours de secourisme puis de ranimation. Manifestement, les animaux ne me préoccupaient pas tant que cela. La misère humaine, psychologique et médicale, réveillait clairement ce que je compris très tôt, à 15 ans, être ma mission de vie.

À 17 ans, j'étais en première année d'étude de psychomotricité à la Faculté de médecine de la Pitié-Salpêtrière à Paris. Tout à fait dans mes cordes ! J'avais renoncé aux études de médecine pour une raison bien simple : je me languissais d'être compétente, efficace et active sur le plan professionnel. Je détestais perdre du temps. Je refusais alors de passer les deux premières années de médecine à résoudre des équations mathématiques qui étaient trop abstraites pour moi. Non pas que je n'en étais pas capable, mais cela me rebutait de perdre du temps à des résolutions non pratiques. Déjà, je savais que : 1) il me fallait soigner des humains ; 2) il me fallait être dans la pratique concrète et 3) je ne voulais pas perdre du temps à des activités que je jugeais inutiles.

À 17 ans, je me suis retrouvée au milieu de «vieux» de 40 ans et plus, psychiatres et psychologues, à suivre une formation en thérapie comportementale (j'ai suivi une formation en thérapie cognitive plus tard). Ma valeur première, AIDE AUX AUTRES, se confirmait. J'étais motivée, intéressée, ravie... Et passionnée!

Vingt ans plus tard, ma valeur AIDE AUX AUTRES est satisfaite quotidiennement, puisque je suis psychothérapeute cognitivo-comportementaliste, sophrologue, psychomotricienne et praticienne en PNL (programmation neurolinguistique)[1].

Une autre valeur est venue rejoindre AIDE AUX AUTRES: TRANSMETTRE. Pendant quelques années, je n'en fus pas consciente. Pourtant, en plus de ma profession de thérapeute, j'étais formatrice à 24 ans et chargée de cours à mon ancienne université à 26 ans. Le plaisir que j'en retirais n'était pas anodin. Il correspondait à ce pourquoi j'étais faite: reformuler et transmettre des connaissances, des savoirs, des expériences.

Je suis devenue auteur pour la première fois à 32 ans. La valeur TRANSMETTRE a évidemment été nourrie de nouveau dans cette activité. La transmission orale étant pour moi facile, ludique et spontanée, j'ai quelques résistances à me mettre à écrire. Cela est probablement dû à mon tempérament extraverti et à mon besoin de communiquer en direct avec mes congénères. Écrire est pourtant aussi utile qu'animer des groupes de thérapie, offrir des formations, être professeur à la Faculté, donner des conférences ou répondre aux médias. Toutes ces activités relèvent de la même valeur, du même besoin fondamental: TRANSMETTRE. Si bien que, même si je n'écris pas un livre tous les deux ans, je ne me sens pas en manque de «transmettre», car je le fais quotidiennement sous d'autres formes.

1. La PNL est une approche thérapeutique et de communication.

Tout cela me rend bien heureuse… Au fait, j'oubliais presque de vous dire qu'à présent, la valeur BONHEUR est passée dans ma hiérarchie des priorités devant AIDE AUX AUTRES et TRANSMETTRE !

Introduction

Dans cet ouvrage, j'ai choisi en toute conscience de ne pas théoriser complètement le concept des valeurs, mais de me prêter au jeu du b. a.-ba afin de favoriser une découverte initiale très concrète. C'est comme si je vous suggérais d'étudier un alphabet particulier avant de lire un livre. Savoir quoi faire de la connaissance de soi et de sa vie est une démarche de santé psychologique certes, mais je dirais surtout spirituelle. Il s'agit de trouver le sens.

Tout à fait volontairement, je me propose de vous accompagner afin de vous aider à découvrir une direction. Votre direction à vous... On verra plus tard pour le sens. Il existe d'autres ouvrages susceptibles de favoriser de profondes réflexions. Je vois d'ailleurs beaucoup de gens autour de moi lire avec assiduité des livres sur la spiritualité, sans pourtant changer leur vie d'un iota, même s'ils en sont insatisfaits et la trouvent inconsistante ou pénible. Lire au sujet de l'importance de donner un sens à sa vie nous conduit à prendre conscience de ce qui peut nous manquer. Excellente idée ! Mais *comment* y arriver quand on a oublié qui l'on était ou ce que l'on rêvait de devenir à 15 ans ? Comment trouver un sens à sa vie alors qu'on la commence à peine et qu'on ne sait pas quoi faire de sa carcasse à l'adolescence ?

Allons d'abord découvrir au nom de quoi nous voulons vivre intensément et ce que nous devons absolument bannir de notre vie pour éviter d'être malheureux. La particularité de cette quête tient au fait qu'il s'agit d'une démarche essentiellement personnelle. En effet, ce qui est valable pour votre sœur, votre mère, votre père ou votre ami n'est pas nécessairement valable pour vous. Si vos parents croient qu'il faut en premier lieu assurer sa sécurité matérielle, ils auront fortement tendance à vous faire croire qu'il s'agit d'une valeur prioritaire et intelligente dans la vie. Ils vous forceront peut-être à entreprendre des études qui sont en totale contradiction avec une valeur intrinsèque chez vous. Par exemple, ils peuvent vous forcer à obtenir votre diplôme de comptabilité (car on trouve du travail facilement avec ça !) alors que vous aspirez à vous engager dans la marine pour satisfaire votre besoin de découverte. Sans le savoir, dans cet exemple, vos parents répondent à l'une de leurs valeurs prioritaires, c'est-à-dire la SÉCURITÉ MATÉRIELLE ET FINANCIÈRE, alors qu'une de vos valeurs prioritaires est la DÉCOUVERTE et pas du tout la SÉCURITÉ MATÉRIELLE ! Voilà comment on peut si facilement se tromper de *direction* dès le départ ! Essayez donc de trouver un *sens* à votre vie quand vous êtes devenu comptable et salarié alors que vous rêviez de voyager dans des contrées lointaines ou d'étudier les baleines !

Nous pouvons tous défendre des valeurs sociales et les transmettre autour de nous. Elles sont basées sur la morale et l'éthique et servent à « bien vivre en société » (selon l'époque, ces valeurs changent). Or ici, il ne s'agit pas de discuter des valeurs sociales partagées ou non par d'autres peuples, mais de découvrir ce pour quoi nous sommes faits en tant qu'individus. Autrement dit, que nous soyons Français, Canadiens, Argentins, Libanais ou Chinois, cette quête nous concerne tous !

À votre insu, vous pouvez donc prendre des décisions afin de vous conformer davantage à une convention sociale de votre milieu d'origine, de ne pas décevoir l'un de vos parents de qui vous attendez secrètement l'approbation mais surtout des marques d'amour, ou encore de ne pas déstabiliser votre couple. Or, si vous prenez de telles décisions, qui équivalent à vous effacer, c'est que **vous cautionnez en priorité, par ailleurs,** l'une ou l'autre de ces **valeurs** : RECONNAISSANCE SOCIALE, LOYAUTÉ, SÉCURITÉ AFFECTIVE, SÉCURITÉ MATÉRIELLE ET FINANCIÈRE, RESPECT DES AUTRES. Aussi, et là, cela peut être une surprise pour vous, vous décidez et agissez de façon à ne pas expérimenter **ce qui vous semble insupportable** ! Dans les exemples précédents, il pourrait s'agir de la terreur d'être exclu du groupe social auquel vous appartenez, de la peur du conflit (avec vos parents ou votre conjoint), de l'échec (de votre couple), de la rupture (avec le clan, les parents ou le conjoint) et pourquoi pas, en conséquence logique, de la terreur de la solitude. **Toutes ces craintes, si elles déterminent des actions qui vont à l'encontre de vos désirs profonds, sont des « contre-valeurs ».** Vous pouvez agir en obéissant à des contre-valeurs telles que : REJET/EXCLUSION, CONFLIT, ÉCHEC, RUPTURE, SOLITUDE.

J'ai bien l'intention dans ce livre de vous décrire précisément la différence entre les valeurs et les contre-valeurs. Je veux vous dire comment certaines d'entre elles perdent de leur superbe et donc leur rang au sein de votre hiérarchie interne, souvent pour votre plus grand bonheur. Je vous offrirai la possibilité de faire un premier essai qui vous conduira à découvrir vos valeurs prioritaires et vos contre-valeurs à l'aide de tableaux. Très rapidement, nous verrons en détail comment se manifestent 56 valeurs et 30 contre-valeurs. Il en existe quelques autres. Celles qui sont présentées ici sont les plus fréquemment nommées et discutées. Par ailleurs, certaines valeurs portent des noms différents dans d'autres ouvrages. Ainsi, la valeur COMPASSION est intégrée ici à la valeur AMOUR et la valeur BEAUTÉ à la valeur ESTHÉTISME.

L'objectif de ce guide est de confirmer ou d'infirmer, au fur et à mesure de votre lecture, ce que vous croyez être une valeur ou une contre-valeur chez vous. L'apport spécifique de cet ouvrage par rapport à d'autres fort intéressants à ce sujet[2] est qu'il vous accompagne très concrètement dans la recherche de vos valeurs personnelles, et non pas seulement au niveau du concept. En effet, les ouvrages que j'ai lus sur ce sujet recommandent de s'isoler et de

2. Josiane de Saint Paul. *Choisir sa vie. Découvrir ses valeurs et ses buts de vie avec la PNL*, InterEditions, 2007.

noter les valeurs importantes de notre vie lorsqu'elles nous viennent en tête. Or, on peut n'avoir aucunement conscience de l'une de nos valeurs fondamentales pendant des années ! On peut donc ne pas comprendre complètement notre mode de fonctionnement passé ni les principes de base et les critères selon lesquels nous vivons actuellement.

Pour faciliter cette démarche, j'ai organisé l'information sous forme de fiches. Cela vous évitera de tout lire avant de trouver ce qui vous concerne.

Je vous recommande de commencer cette démarche en solitaire. Votre conjoint ou un ami en qui vous avez confiance pourra effectuer sa propre recherche en même temps que vous (voir annexes 1 et 2, p. 243 et 245) puis se joindre à vous afin de comparer vos résultats ou discuter de vos découvertes, et d'examiner ensemble vos hiérarchies de valeurs respectives.

Ce guide se révélera probablement indispensable à tout adulte qui entreprend un bilan de compétences dans le cadre d'une réorientation professionnelle.

Tout au long de cet ouvrage, vous ne découvrirez pas seulement vos propres valeurs et contre-valeurs, mais également celles de vos proches. Beaucoup de leurs comportements et attitudes, que vous trouviez jusque-là étranges, vexants ou dérangeants vont probablement s'expliquer par le fait que chacun a des valeurs différentes.

Toute valeur ou contre-valeur sera écrite en majuscules (par exemple : JUSTICE) afin de ne pas la confondre avec une simple qualité.

Première partie

L'univers des valeurs et des contre-valeurs

Chapitre 1

La définition des valeurs et des contre-valeurs

Quel âge avez-vous ? Combien d'années vous reste-t-il à vivre ? Autant vous pouvez être sûr de votre première réponse qu'être dubitatif à la seconde. Cela est bien normal, puisque personne ne peut savoir ce que l'avenir lui réserve. Cependant, vous pouvez vous appuyer sur les statistiques qui consistent à évaluer que, pour un homme en bonne santé, l'espérance de vie, dans nos contrées, atteint une moyenne de 77 ans et, pour une femme, cette moyenne atteint 84 ans[3]. En assumant que vous vous situez dans cette moyenne, combien de temps vous reste-t-il donc à vivre ?

Fermez les yeux et posez-vous la question suivante : « Qu'est-ce que j'éprouve lorsque je songe au nombre d'années qu'il me reste à vivre ? » Du bonheur à l'amertume, ces sentiments expriment le reflet de votre état intérieur lié à votre vie actuelle. En répondant sincèrement à cette question, un sentiment est censé se manifester immédiatement, mais il arrive que plusieurs, parfois même contradictoires, montent en même temps.

---

3. Chiffres INSEE remis à jour en septembre 2006 pour la France métropolitaine. Pour l'Amérique du Nord, l'espérance de vie des hommes est de 75 ans et celle des femmes de 81 ans. Pour la Belgique, celle des hommes est de 76 ans et celle des femmes de 82 ans.

Une autre question peut vous aider à faire état de votre bilan de vie jusqu'à maintenant : « Est-ce que je voudrais continuer à vivre de la même façon jusqu'à ma mort ? » Les personnes qui répondent sans hésiter et avec beaucoup d'enthousiasme par la positive à cette dernière question savent d'instinct ce que signifie « vivre selon ses valeurs ». Elles sont profondément heureuses et ont conscience de bâtir leur vie de façon à remplir leur mission personnelle et sociale. Si vous êtes dans ce cas, ce livre vous aidera probablement à trouver les termes justes qui définissent vos besoins et vos intolérances (contre-valeurs). Cet ouvrage peut également vous faire découvrir certaines valeurs et contre-valeurs dont vous n'avez jamais pris conscience jusqu'à maintenant. Sur le fond, vous êtes sur le bon chemin et vous marchez avec les chaussures les plus adéquates qui soient : les vôtres !

Les personnes qui ont sincèrement et spontanément répondu par la négative sont malheureusement plus nombreuses. Si tel est votre cas, vous trouverez sûrement cet ouvrage très utile. Le fait de comprendre votre vie actuelle à travers le prisme de vos valeurs passées, présentes et futures (celles qui sont en train de changer de place dans votre échelle des valeurs) devrait déjà vous éclairer suffisamment pour que vous puissiez trouver le chemin qui vous conduira à adopter un style de vie différent et mieux adapté à vos besoins et aspirations.

Qu'est-ce qu'une valeur ?

Il existe dans le dictionnaire 12 définitions du mot « valeur ». L'une d'entre elles convient parfaitement à notre propos : « Une valeur est ce qui est posé comme vrai, beau et bien selon des critères personnels ou sociaux, et sert de référence, de principe moral (partager les mêmes valeurs.) » De plus, l'expression « échelle des valeurs » est définie comme une « hiérarchie établie entre les principes moraux ».

Une *valeur* est une **référence déterminante pour la conduite d'une vie, d'un projet ou d'une organisation**[4]. Elle influence donc toute décision.

Nous ne parlerons pas ici des *valeurs morales*. La morale réfléchit, elle, sur des principes qui s'adressent à la vertu et s'appuie sur la dichotomie bien/mal. Les valeurs morales sont des valeurs sociales. Elles sont importantes pour la mise en conformité de tous les humains vivant ensemble. Beaucoup d'entre nous peuvent les intérioriser et se les approprier comme des valeurs propres et individuelles, certes. En réalité, la notion de valeur individuelle dépasse celle des valeurs apprises que l'on appelle « valeurs morales et valeurs sociales ».

Dans cet ouvrage, nous nous intéressons aux **valeurs individuelles**. Celles-ci représentent des notions, une **vision fondamentale à la base de nos comportements et de nos agissements**. En effet, une valeur ne se reflète pas que dans un domaine, mais touche à tous les aspects de notre vie : personnel, social et professionnel. Par exemple, la valeur TRANSMETTRE vous conduira certes à choisir un métier comme l'enseignement, le journalisme ou la formation, mais vous incitera également à user de pédagogie avec vos enfants ou ceux des autres, et à partager volontiers vos informations avec votre conjoint, vos collègues et vos amis.

C'est l'actualisation de nos valeurs propres qui nous donne le sentiment d'être heureux. C'est le fait d'en être conscient et d'agir en conformité avec elles qui donne une direction à notre vie et qui règle notre conduite. En fait, ce sont nos valeurs fondamentales qui donnent un sens à notre vie.

La différence entre une valeur et une qualité

Une valeur est 10 à 100 fois plus déterminante dans votre vie qu'une simple qualité, un talent ou un don.

4. Définition de Claude Paquette, dans *Pour que les valeurs ne soient pas du vent*, Éditions Contreforts, 2002.

Une qualité, un talent et un don s'expriment de temps en temps, selon le contexte, et sont au service d'actions ayant un sens pour nous, un peu comme des couleurs que l'on appliquerait sur une toile pour peindre un tableau. Les couleurs représentent nos qualités, nos talents et nos dons, alors que la toile et le tableau sont tous deux représentatifs d'une valeur. La toile est à l'image du fond et donc de **l'intention,** puisqu'il s'agit d'une **base essentielle**. La figure finale du tableau représente le résultat ou la conséquence. **L'expression d'une valeur est à la fois une intention profonde de base et une conséquence observable dans la vie**. Ainsi, nos qualités sont au service de nos valeurs prioritaires.

Imaginons, par exemple, que vous avez la valeur EFFICACITÉ et donc que vous l'érigez en principe de vie. Vous avez alors **besoin de tout** régir avec efficacité, même la perte de temps ! Vous avez pratiquement une obsession de l'efficacité en tout temps et en toute chose ! Et cela ne vous demande aucun effort. Certes, vous avez obligatoirement l'efficacité comme qualité, mais ce qui marche dans un sens n'est pas forcément valable dans l'autre. Si vous constatez que vous êtes parfois ou souvent efficace pour certaines choses sans que cela soit un **automatisme de chaque instant**, c'est que vous détenez la *qualité* d'être efficace, mais pas la *valeur* EFFICACITÉ, puisqu'il ne s'agit pas alors d'un mode de fonctionnement ou d'un principe de vie fondamental.

Comme les valeurs sont des principes de vie, elles sont **généralisées.** Vous ne pouvez pas arguer que vous avez la valeur EFFICACITÉ si vous n'êtes efficace qu'à votre travail. Pas plus que vous détenez la valeur CRÉATIVITÉ si vous « aimez bien » être créatif de temps en temps comme quand vous plantez des bulbes dans votre jardin ! Une valeur s'exprime partout et chaque fois qu'elle peut être stimulée.

Si vous lisez dans les chapitres suivants la description d'une valeur que vous pensez avoir mais que cela ne vous correspond pas quasi intégralement, c'est que cette valeur-là n'est pas active chez vous. Il s'agit alors probablement d'une *qualité*, peut-être récurrente, mais non pas d'une valeur fondamentale qui déclenche chez vous un automatisme.

Cette notion de différence entre une qualité et une valeur me semble très importante à intégrer dès à présent. Cependant, je suis bien consciente que vous aurez tendance à cocher sur le tableau (voir page 37) des valeurs qui pourraient être en fait des qualités chez vous. Je me permettrai donc de vous rappeler à l'occasion qu'une valeur n'est pas au même niveau qu'une qualité. Les valeurs sont nommées par des substantifs : ESTHÉTISME, CONFORT, AIDE AUX AUTRES, etc., ou par des verbes : SE RÉALISER, APPRENDRE, TRANSMETTRE, etc.

Aussi, prendre chaque jour conscience de vos qualités augmentera votre niveau d'estime personnelle. Ce n'est pas vraiment le cas pour les valeurs.

Cette recherche de vos valeurs vous permettra d'atteindre un autre objectif : mieux vous connaître en comprenant pourquoi vous agissez de telle ou telle façon, et même pourquoi vous n'agissez pas comme d'autres ou comme vous le souhaiteriez !

Par ailleurs, vous constaterez probablement que cet exercice n'est pas véritablement nourrissant pour l'ego comme c'est le cas pour l'identification de vos qualités. Cela vous demandera beaucoup de sincérité, de réflexion et de temps.

Voici un exemple qui illustre la **puissance d'une valeur** qu'on appelle SÉCURITÉ MATÉRIELLE ET FINANCIÈRE et qui vous sera expliquée plus précisément à la page 52.

Véronique a passé plusieurs concours à la fonction publique afin de s'assurer, « à vie » dit-elle, la sécurité d'emploi et un bon fond de retraite. Véronique a 32 ans. Elle est célibataire. Ses parents sont agriculteurs. Elle a réalisé que son besoin de combler un désir profond de sécurité matérielle l'a conduit à aller dans cette direction plutôt que de « prendre une année sabbatique et de partir avec sa guitare sur le dos pour faire le tour du monde ! » (Ce qu'elle dit en riant mais qui lui aurait bien plu finalement.)

Pendant deux ans, Véronique a malheureusement subi du harcèlement moral dans son service. Elle a toléré cette situation pendant tout ce temps avant d'être mise en arrêt de travail pour dépression majeure. La peur de «ne pas avoir de travail ailleurs ou d'en trouver un trop loin de son domicile» a inhibé toute démarche pour dénoncer cette situation puis s'en extraire. L'idée même de dénoncer la gravité de la situation à sa direction la paniquait. On pourrait penser que Véronique a fait montre d'un grand courage par la démonstration de sa résistance! Le courage est effectivement une qualité chez elle. Cependant, elle réalise que ce qui l'a fait réellement tolérer ce harcèlement, c'est son besoin de sécurité matérielle et financière. Pour la fin de l'histoire, sachez qu'elle a effectivement consenti à changer de travail, mais seulement après avoir trouvé un emploi sûr ailleurs.

Le fait de chercher la sécurité matérielle lorsque nous n'avons pas de travail ou aucun argent de côté est un instinct plutôt intelligent, puisqu'il ne plaît pas à grand monde de vivre sur le trottoir. Il ne faut pas confondre l'actualisation d'une «valeur» avec une action liée à un contexte. Ce n'est pas parce que vous paniquez après plusieurs mois de chômage et que vous arrivez au bout de vos ressources sans avoir pu retrouver du travail que vous avez nécessairement la valeur SÉCURITÉ MATÉRIELLE ET FINANCIÈRE. Ne pas avoir assez d'argent pour nourrir sa famille et payer son loyer est angoissant. En revanche, avoir tout ce qu'il faut dans son frigo et dans sa vie mais, malgré tout, paniquer à l'idée que tout cela s'arrête d'un seul coup (sans signes précurseurs) correspond probablement davantage à la valeur SÉCURITÉ MATÉRIELLE ET FINANCIÈRE.

Prenons un autre exemple. Il est probable que votre éducation et votre éthique vous dictent de respecter les autres. Cela comprend vos proches, vos collaborateurs, vos clients, vos voisins et vos congénères. Vous êtes donc respectueux. C'est une *qualité*. Cependant, si chaque action de votre vie, tant sur les plans personnel, social que professionnel, est motivée par le besoin *absolu* de respecter les prérogatives d'autrui avant les vôtres, il s'agit alors d'un mode de fonctionnement. Votre vie quotidienne est gouvernée par ce critère. C'est donc une *valeur* chez vous.

Les valeurs de buts et les valeurs de moyens

Une *valeur de but* est un principe actif et vital qui nous motive profondément, au point de vouloir la satisfaire sans autre objectif que de la satisfaire. C'est une nourriture quotidienne.

Une *valeur de moyen* est également une valeur. Or, en étant constamment activée, elle permet de satisfaire une autre valeur plus primordiale, « de buts », cette fois.

Pour certains d'entre vous, l'EFFICACITÉ est une valeur de but, c'est-à-dire être efficace pour être efficace. Pour d'autres, cette valeur est plutôt une qualité forte et constante qui contribue à actualiser une autre valeur, par exemple, la RÉUSSITE.

L'objectif premier de cet ouvrage est de vous aider à découvrir vos valeurs de buts. Les valeurs de moyens sont par la suite faciles à déceler.

Pour la plupart d'entre nous, la FAMILLE, l'ARGENT et le POUVOIR sont fréquemment des valeurs de moyens et rarement des valeurs de but. Une valeur de but qui lui correspond peut être, par exemple, la RECONNAISSANCE SOCIALE. En effet, exhiber sa richesse, accéder au pouvoir et fonder une famille peuvent être des aspects visibles du besoin d'être reconnu. Une autre valeur de but pourrait être la SÉCURITÉ AFFECTIVE. À ce moment-là, la famille représente un fort ancrage affectif. Une autre valeur encore serait la RESPONSABILITÉ. Alors, la famille et le pouvoir sont censés nous rendre responsables ; etc.

Il est nécessaire d'apprendre pour finir par acquérir une connaissance, un savoir. Mais ce savoir, à quoi vous sert-il ? À transmettre ? À éprouver un grand plaisir intellectuel ? À progresser ? À évoluer ? Apprendre peut n'être alors qu'une valeur de moyen. Mais si apprendre dans le seul but d'apprendre est une activité prioritaire au quotidien, il s'agit alors d'une valeur de but.

Les valeurs naturelles et la famille

On dit qu'une valeur est naturelle lorsqu'elle est déjà présente dans les préférences d'un adolescent ou d'un jeune adulte. Ces valeurs *naturelles* sont très importantes à rechercher, surtout si on ne les a pas encore satisfaites !

En effet, un des moyens assez efficaces pour vous aider à commencer l'introspection qui vous conduira à la découverte de vos valeurs personnelles consiste à vous **souvenir de ce qui était très important à vos yeux lorsque vous aviez entre 14 et 17 ans.**

Le fait de trouver sa voie alors qu'on est jeune, c'est-à-dire vers l'âge de 15 ans, est une grande chance. Nous pouvons sentir très tôt le bonheur que l'on retire à faire ce qui nous passionne déjà. Encore faut-il envisager que notre passion puisse s'épanouir dans une profession ou une activité essentielle et durable au cours de notre existence. Or, jusqu'à présent, des générations entières ne validaient pas cette inclination à concrétiser une passion, un intérêt voire un talent naturel dans le choix d'un métier. Je suis surprise de constater à quel point, encore à notre époque, des jeunes et des moins jeunes n'imaginent pas que le choix d'un travail quotidien et d'un mode de vie peut être en totale adéquation avec leurs aspirations profondes.

Ces aspirations profondes sont en fait reliées à des **valeurs intrinsèques**. Nous ne savons pas vraiment d'où ces valeurs personnelles proviennent. Seule une proportion d'entre elles sont attribuables à l'influence familiale et culturelle. N'est-il pas étrange en effet de ressentir très tôt dans sa vie une attirance viscérale et une passion soit pour la littérature ou l'art, soit pour la médecine ou la psychologie, soit pour la politique ou le droit, ou bien d'avoir l'intime conviction qu'on va réussir sur les plans social et professionnel.

C'est dès l'âge de 14 à 17 ans que nous pouvons déjà prendre conscience de l'existence de nos valeurs dites naturelles. Celles qui font de nous un être unique et certainement programmé pour accomplir ce pour quoi nous sommes faits. L'étrangeté de ce phénomène est que les désirs de notre milieu d'origine ainsi que ceux de nos parents peuvent être totalement à l'opposé de nos aspirations profondes. Il est également étrange que, la plupart du temps, nos frères et sœurs n'ont absolument pas les mêmes intérêts que nous malgré le fait qu'ils ont été élevés dans le même milieu. Certains ont même l'impression de ne pas être nés dans la bonne famille. Quelques enfants, dès l'âge de sept ans, ont le pénible sentiment d'être le vilain petit canard de la couvée ! Quel phénomène étrange en effet, pousse un enfant d'un milieu familial ouvrier à écrire spontanément le soir dans son lit de beaux poèmes puis des romans, pour finir par devenir écrivain à l'âge adulte ? Pourquoi l'enfant de deux parents athées se sent-il irrésistiblement attiré par la foi chrétienne et espère devenir moine ?

Il est néanmoins assez rare de découvrir dès l'enfance, plutôt qu'à l'adolescence, ses valeurs naturelles. Celles-ci ne se manifestent pas avant l'âge de 14 ou 15 ans pour la plupart d'entre nous. Cela dit, nous connaissons tous des exemples de chanteurs et de danseurs professionnels qui se manifestaient déjà et étaient particulièrement doués dès l'âge de cinq ans !

Je recommande fortement aux parents d'exposer leurs enfants à divers sports, jeux, loisirs et de les initier à la musique et aux voyages. Ainsi, vous leur donnez la chance de pouvoir plus sérieusement s'accrocher à un domaine. Mine de rien, cette variété d'expériences permet à l'enfant de grandir en faisant le tri de ce qui lui fait plaisir et de ce qui l'intéresse.

Vu sous cet angle, le désir d'un enfant de changer d'activité d'une année à l'autre n'a rien d'alarmant. Ce n'est pas le signe d'une insatisfaction générale si, par ailleurs, il est épanoui à l'école et à la maison, et s'il s'entend bien avec les membres de sa famille et avec ses camarades. Ce n'est pas à interpréter non plus comme un risque d'instabilité dans le futur. Par contre, le manque d'intérêts et d'activités en dehors des fameux jeux électroniques et de l'ordinateur est plutôt inquiétant. Tout enfant cherche à être intéressé et passionné. Il ne sait pas encore par quoi et plus les parents sont ouverts au monde et tolérants face à la diversité, plus ils l'aident à le découvrir.

Un parent dit à son jeune adolescent: « Tu es bon en anglais. Passe tes examens et tu pourras devenir professeur. C'est toujours plus sûr que photographe ! » Ainsi, le parent incite son enfant à croire qu'il est préférable d'obtenir la stabilité d'emploi offerte par le ministère de l'Éducation plutôt que de tenter sa chance en photographie. Le parent ignore que son adolescent est profondément créatif, esthète, indépendant, qu'il a besoin de découvrir et peut-être même de partir à l'aventure. Toutes ces qualités apparentes sont en fait des valeurs : CRÉATIVITÉ, ESTHÉTISME, INDÉPENDANCE, AVENTURE, DÉCOUVRIR. Ce jeune homme sait peut-être déjà qu'il ne supporte pas la routine (il aurait alors la contre-valeur ROUTINE). En revanche, nous comprenons bien dans cet exemple que, pour ce parent, la sécurité financière est très importante à acquérir. Ce parent a la valeur SÉCURITÉ FINANCIÈRE ET MATÉRIELLE. Il lui semble donc normal que tous vivent selon ce critère. Quoi qu'il en soit, il ne comprend pas qu'on prenne le risque de ne pas assurer très tôt sa sécurité matérielle.

Les parents ne savent pas à quoi leur progéniture est réellement destinée. Malgré cela, beaucoup de parents veulent programmer l'avenir de leur enfant et, sans le savoir, le déroutent de sa vraie mission. À quoi répondent les parents en question ? À leurs propres valeurs prioritaires. Celles qui leur semblent évidentes et indispensables, même si elles ne sont pas nommées ni conscientes en eux.

Les valeurs passées, présentes et futures

Nous devons nous attendre à ce que nos valeurs changent au cours de notre vie et que, si ce n'est pas le cas, elles changent de place dans notre échelle des valeurs.

En effet, ce qui était très important pour nous à 30 ans ne l'est plus nécessairement à 50 ans. Le fait même d'avoir fait le tour de certaines expériences nous conduit à souhaiter une vie différente.

Nos expériences de vie, notre mode de fonctionnement peuvent nous avoir été très bénéfiques pendant des décennies et finir par ne plus avoir autant de sens au bout de 30 à 40 ans.

Je remarque que les valeurs changent subtilement de place dans l'échelle de priorités tous les six à dix ans, selon les personnes. Ainsi, ce que nous appelons une **valeur passée** est une valeur qui n'a plus de sens ou qui n'a plus d'influence dans notre vie actuelle. Celle-ci occupait une place importante dans notre hiérarchie des valeurs auparavant, et explique notre vie passée ainsi que certaines décisions que nous avons prises. Paradoxalement, même si une valeur n'a plus de sens aujourd'hui, il se peut que nous en subissions longtemps et même encore aujourd'hui les conséquences dans notre quotidien. C'est ainsi que l'on comprend que certaines personnes sombrent lentement dans le mal de vivre et la dépression. **Poursuivre un mode de vie qui ne nous correspond plus est effectivement sujet à des états dépressifs languissants et durables.**

Comment cela se passe-t-il ? Après avoir longuement vécu avec certains principes qui nous ont permis d'acquérir de la maturité, il arrive que ces derniers perdent de l'importance au fil du temps. Au milieu de votre vie, lorsque vous évaluez votre degré de satisfaction, de bien-être, d'épanouissement ou de bonheur, vous vous sentez déçu ou blasé. Vous pouvez, par exemple, avoir répondu à un besoin de sécurité matérielle et financière en choisissant d'étudier dans tel ou tel domaine, ou alors en entrant dans la vie active afin de gagner très rapidement votre vie. Peut-être avez-vous de bonnes réalisations professionnelles à votre actif, peut-être êtes-vous socialement reconnu et apprécié parce que vous avez tout fait « comme il fallait », et que vous avez respecté et finalement obéi aux désirs de certaines personnes de votre entourage, sans être finalement très heureux.

Contre toute attente, le constat de vos réalisations (travail brillant, aisance matérielle, confort, enfants) ne vous apporte pas le bonheur que vous escomptiez. Alors que vous devriez être épanoui et éprouver un sentiment d'accomplissement et de réussite, vous vous sentez déprimé et vous vivotez sans joie. Cet exemple donne typiquement le signal qu'une valeur qui a eu de l'importance dans le passé (pour qui?) n'est plus celle que vous devriez satisfaire aujourd'hui.

Il devient donc essentiel d'admettre que ce qui était important pour vous pendant une partie de votre vie ne l'est plus, que vous devez changer de mode de vie et donc prendre de nouvelles décisions concernant votre avenir.

Pour le moment, je ne vous parle que d'une valeur à la fois afin de vous aider à comprendre sa nature et son influence sur votre vie. Cependant, il est évident que vous avez plusieurs valeurs très proches les unes des autres dans votre hiérarchie et que c'est **l'ensemble** de ces valeurs qui vous conduit à prendre telle ou telle décision. Par ailleurs, en lisant la description de chacune de vos valeurs et contre-valeurs, vous identifierez lesquelles étaient prioritaires à une certaine époque. Ainsi, sur les deux tableaux, celui des valeurs et celui des contre-valeurs (voir pages 37 et 41), vous pouvez cocher vos valeurs passées en mettant la lettre « P » dans la colonne « Note ».

Ce qu'on appelle une **valeur future** est une valeur qui est en train de grimper dans la hiérarchie depuis peu de temps. Encore en dilemme avec des valeurs actuelles ou passées, elle a des chances de se retrouver en tête de liste dans quelques mois.

Une **valeur présente** intervient dans notre vie présente. Elle peut être là depuis toujours (la valeur naturelle de nos quinze ans était restée tapie et attendait qu'on la réalise) ou bien elle peut être récente, car elle correspond à un besoin nouveau.

Une nouvelle valeur naît de plusieurs processus possibles. Souvent, la lassitude de vivre comme on vit explique un besoin de renouvellement. Parfois, malheureusement, c'est une maladie qui s'installe et qui nous fait comprendre que nous devrions profiter de la vie autrement. Parfois encore, c'est un malheur, un accident, un deuil, une rupture ou un choc qui nous rappelle que notre vie est bien fragile et que nous devrions accorder notre attention à ce qui est le plus fondamental à nos yeux.

Aussi, plusieurs facteurs, par exemple, des difficultés professionnelles, une fusion d'entreprises, un licenciement, un harcèlement moral, peuvent nous faire prendre conscience que notre vie professionnelle, telle qu'elle est présentement, ne nous apporte plus rien. Tous ces facteurs peuvent agir comme des déclencheurs et nous amener à consulter un psychologue, un psychothérapeute ou un psychiatre (ou un livre comme celui-ci !) afin de soulager notre angoisse.

C'est à ce moment-là que, normalement, commence un travail d'introspection. C'est également lors de cette remise en question que la possibilité de découvrir notre mission de vie et de trouver un sens à notre vie nous est offerte. Ce travail, qui consiste à découvrir qui vous êtes réellement et à comprendre le sens de votre vie présente et future, sera grandement facilité par la recherche de vos valeurs.

Les valeurs présentes et futures ont en effet plus d'importance que la recherche des valeurs passées, car ce sont elles qui vous permettent de prendre les meilleures décisions pour votre avenir.

Cette notion de valeurs passées, présentes et futures nous amène tout naturellement à relever qu'il existe une échelle de priorités dans nos valeurs. Cette hiérarchisation n'est malheureusement pas toujours très consciente même aux yeux de la personne concernée.

La hiérarchisation des valeurs

En vous remettant en question, vous réalisez que ce qui était important à vos yeux (ou à ceux de vos parents ?) depuis une ou deux décennies ne l'est plus du tout ou l'est beaucoup moins. Dans ce dernier cas, il s'agit donc d'un changement dans votre échelle de priorités.

Si des valeurs ont disparu ou se retrouvent plus bas dans votre hiérarchie, d'autres ont pris leur place. Ce sont donc vos valeurs présentes.

Beaucoup de personnes ne se rendent pas compte qu'une modification s'est opérée dans leur hiérarchie des valeurs. Si tel est votre cas, vous continuez à satisfaire les valeurs passées en priorité alors qu'elles ne correspondent plus à vos valeurs profondes! Vous continuez donc à vivre selon des principes, des références et des concepts antérieurement valables, qui vous ont été utiles pendant une période de votre vie, mais qui n'ont plus de sens à l'heure actuelle.

Il est possible pour vous de prendre conscience de ce changement interne en étant conscient de vos pensées et de vos croyances (cognitions), de vos émotions et de vos sentiments et, enfin, de vos comportements.

Le fait que nos valeurs n'ont pas toutes la même importance ne relève pas de notre volonté. Les valeurs se placent elles-mêmes les unes par rapport aux autres à notre insu, tout au long de notre vie.

Je souhaite que cette hiérarchie ne soit plus un mystère pour vous et que vous puissiez en prendre conscience grâce, d'une part, à la découverte de vos valeurs prioritaires (maximum 15) et, d'autre part, à l'ordre d'importance que vous leur donnez concrètement. La question centrale dans cette découverte est donc: «Est-ce que, actuellement, cette valeur est plus importante pour moi que cette autre valeur?» ou bien encore: «Si les circonstances m'obligeaient à choisir entre privilégier telle valeur plutôt que telle autre, laquelle choisirais-je en premier?»

Ces deux questions vous aideront à réaliser qu'il existe effectivement une hiérarchie dans vos valeurs prioritaires actuellement. Cependant, vous devrez peut-être y revenir à plusieurs reprises, et ce, pendant une période s'étalant sur plusieurs mois, car l'observation de votre quotidien vous amènera probablement à changer vos premières inscriptions sur le tableau des valeurs et celui des contre-valeurs que je propose dans les prochains chapitres (voir pages 37 et 41).

Qu'est-ce qu'une contre-valeur ?

Une *valeur* est le sentiment ou le principe fondamental qui vous motive à faire ce que vous faites. Une *contre-valeur,* par contre, vous pousse à agir non par motivation positive mais par **rejet viscéral** d'un sentiment.

■ On parle de *contre-valeur* (ou de valeur négative) lorsqu'on décrit **un état émotionnel** (par exemple, la colère) ou **une situation** (par exemple, la solitude) **que l'on ne peut pas supporter**. Au point que, justement, **cette situation ou cet état est systématiquement évité** ou très rapidement éludé lorsqu'il pointe le bout du nez !

Par exemple, si j'observe que 1) je ne me mets absolument jamais en colère ; 2) que les situations désobligeantes auxquelles je suis confronté me privent plus d'énergie qu'elles ne stimulent ma rage et que je ne réagis pas légitimement par la colère ; 3) que la colère exprimée par autrui me paralyse et que je fais tout pour ne pas la provoquer ; j'ai la COLÈRE en contre-valeur : je ne la supporte pas donc je ne la vis pas !

Autre exemple d'une situation soigneusement évitée si vous l'avez en contre-valeur : la SOLITUDE. Parce que vous ne supportez pas la solitude, vous n'êtes quasiment jamais seul. Soit vous avez toujours des gens et des amis autour de vous ou au téléphone, soit vous avez une compagne ou un compagnon de vie, quel qu'il soit, pour ne pas avoir le sentiment de vivre en pauvre célibataire. Beaucoup d'autres manifestations de la contre-valeur SOLITUDE seront expliquées dans le passage qui lui est consacré (voir page 177).

Pour bien comprendre cette notion, faisons une analogie. Votez-vous pour un candidat (un maire, un président, etc.) pour cautionner son programme ou pour prendre position contre son adversaire ? Voici un autre exemple qui se rapproche davantage de notre recherche : « Est-ce que je voyage et j'effectue des changements dans ma vie quotidienne parce que j'ai besoin de vivre l'AVENTURE (qui est une valeur possible) ou parce que je refuse la ROUTINE (contre-valeur) ? Autrement dit : est-ce que j'agis parce que je vais vers quelque chose ou parce que je veux échapper à quelque chose ?

Une contre-valeur est donc une valeur inversée : au lieu de la rechercher et de la vivre, on tente de l'éviter à tout prix. C'est finalement ce qu'on appelle la fuite en avant !

Il est tout aussi important d'identifier nos contre-valeurs que nos valeurs. Réalisez dès à présent qu'il peut y avoir deux motivations à agir et à prendre des décisions dans votre vie : soit vous accomplissez quelque chose qui vous tient à cœur et dans ce cas vous cherchez à satisfaire une **valeur,** soit vous agissez pour échapper à quelque chose et vous obéissez alors, la plupart du temps, à une **contre-valeur.**

Ainsi vous comprenez que **vos décisions peuvent soit être liées à un désir authentique de changer les choses dans un élan positif, soit, au contraire, un refus de vivre certaines situations ou émotions.**

CHAPITRE 2

L'identification de vos valeurs et de vos contre-valeurs

Quelles sont vos valeurs *a priori*?

Avant de savoir si certaines valeurs sont présentes au plus profond de vous-même et d'en avoir ou non la confirmation, je vous propose de **cocher** dans le tableau suivant celles qui vous semblent **essentielles**. Il ne s'agit pas de tout cocher! Vous devriez identifier 6 à 15 valeurs au maximum.

Nos valeurs ne se situent pas au même niveau que nos qualités ou nos savoir-faire. Il ne s'agit donc pas de reconnaître que «tout est important».

Les 56 valeurs inscrites ici sont classées par catégories, ce qui vous obligera à réfléchir quelque peu aux définitions et aux nuances qui existent entre les valeurs énumérées dans chaque catégorie. Par exemple, vous aurez à évaluer si l'une des valeurs suivantes: AUTONOMIE, INDÉPENDANCE, RESPONSABILITÉ ou LIBERTÉ vous correspond profondément et pourquoi vous avez choisi l'une plutôt que l'autre.

Prenez d'abord le temps de lire consciencieusement la liste sans rien cocher. Imaginez comment chaque valeur peut s'inscrire **dans le quotidien** et demandez-vous si **votre mode de vie** en est **totalement** imprégné.

Puis, reprenez la liste au début et ne cochez que ce qui vous paraît être en totale cohérence avec votre mode de fonctionnement. Attention, il ne s'agit pas de relever les valeurs avec lesquelles vous êtes intellectuellement ou moralement d'accord, sinon vous risquez de presque tout cocher ! Je vous conseille d'utiliser un crayon à papier.

Ensuite, **après avoir coché 6 à 15 valeurs** au maximum, prenez le temps de leur **accorder une note de 10 à 1** (10 étant la plus haute dans votre hiérarchie). Vous entamez dès lors la deuxième étape de cette démarche, c'est-à-dire la **hiérarchisation de vos valeurs prioritaires**.

Pour le moment, il est possible que plusieurs valeurs vous semblent d'égale importance. Il s'agit d'un **début** de hiérarchisation. Cet exercice est assez difficile à faire d'emblée, si on n'a jamais prêté attention à cet aspect de notre vie.

Il est possible que vous ayez de la difficulté à noter vos valeurs essentielles en dessous du chiffre 5. En effet, il est courant d'accorder 1, 2 ou 3 à ce qui a peu d'importance… Or, en ne choisissant que 6 à 15 valeurs au maximum, toutes peuvent vous sembler prioritaires ! De plus, certaines sont tellement « vitales » qu'elles sont très rapprochées dans votre hiérarchie. Je me doute que plusieurs d'entre elles seront cotées 10 ! Je vous propose, si c'est le cas, d'utiliser un petit « truc » : affinez la note accordée par une décimale (par exemple : 9,75 ; 9,50 ; 9,25).

Pour cette première réflexion, soyez le plus sincère possible. L'objectif de cet ouvrage est de vous aider à y voir plus clair et de vous accompagner concrètement dans ce que j'appelle « faire le ménage ». En effet, au cours de votre lecture, vous découvrirez probablement que les valeurs que vous avez cochées dans le tableau suivant ne sont pas celles que vous expérimentez réellement. Et inversement.

Tableau 1

Quelles valeurs vous correspondent ?

Cochez 15 valeurs au maximum puis notez-les (de 10 à 1).

	Oui	Note		Oui	Note
Sécurité matérielle et financière (p. 52)			Respect des autres (p. 102)		
Sécurité affective (p. 54)			Respect de soi (p. 104)		
Apprendre (p. 57)			Respect (p. 105)		
Progresser (p. 58)			Confort (p. 107)		
Savoir/Connaître (p. 59)			Bien-être (p. 109)		
Découvrir (p. 60)			Plaisir (p. 110)		
Plaisir intellectuel (p. 61)			Épanouissement (p. 111)		
Transmettre (p. 61)			Harmonie (p. 112)		
Évoluer (p. 62)			Se réaliser (p. 112)		
Autonomie (p. 65)			Bonheur (p. 114)		
Indépendance (p. 66)			Amitié (p. 116)		
Liberté (p. 67)			Complicité (p. 117)		
Responsabilité (p. 71)			Partage (p. 118)		
Aventure (p. 74)			Communication (p. 118)		
Aide aux autres (p. 76)			Créativité (p. 120)		
Justice (p. 78)			Imaginaire (p. 121)		
Utilité (p. 80)			Esthétisme (p. 121)		
Réalisation professionnelle (p. 82)			Foi (p. 124)		
Reconnaissance sociale (p. 83)			Spiritualité (p. 125)		
Efficacité (p. 85)			Conscience (p. 126)		
Accomplissement (p. 87)			Amour (p. 128)		
Réussite (p. 88)			Famille (p. 130)		
Contrôle (p. 92)			Travail (p. 131)		
Honnêteté (p. 94)			Patrie (p. 132)		
Authenticité (p. 95)			Pouvoir (p. 134)		
Intégrité (p. 96)			Argent (p. 135)		
Fidélité (p. 97)			Santé (p. 137)		
Loyauté (Loyalisme) (p. 98)			Écologie, Nature (p. 138)		

À présent, veuillez inscrire ci-dessous la liste de vos valeurs, en commençant par celles auxquelles vous avez attribué la note 10. Inutile d'inscrire la note, inscrivez seulement vos valeurs dans l'ordre décroissant d'importance actuellement.

Date : ____________________
Prénom : ____________________

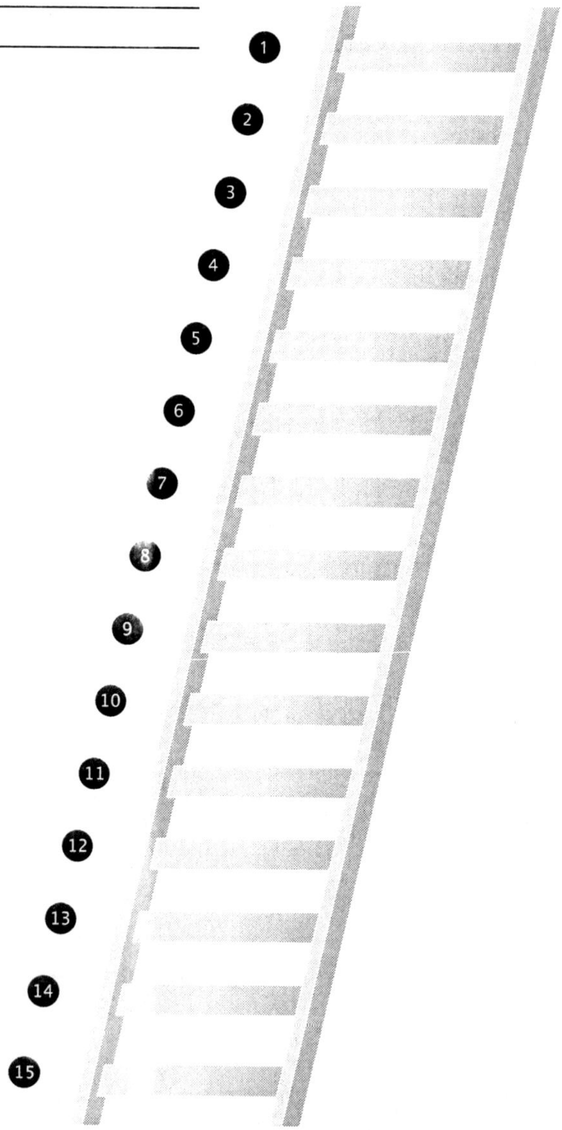

Quelles sont vos contre-valeurs *a priori*?

Les **valeurs** représentent ce à quoi nous aspirons profondément. Les contre-valeurs constituent ce que nous redoutons le plus, au point de tout faire pour ne pas les vivre.

D'un côté, les valeurs sont le moteur qui nous permet « d'aller vers » et, de l'autre, les contre-valeurs nous conduisent à adopter des attitudes motivées par le refus de vivre certaines émotions ou ressentis. Autrement dit, la présence de contre-valeurs nous fait « échapper à ».

Notre mode de vie peut être semblable, que nous vivions selon une valeur ou une contre-valeur, mais pas pour les mêmes raisons. Par exemple, vous pouvez être en lien étroit et constant avec des amis, soit parce que l'amitié est une valeur capitale pour vous, soit parce que vous détestez la solitude au point de l'éviter à tout prix. Ainsi, lorsque vous avez beaucoup d'amis, est-ce parce que vous avez l'AMITIÉ en valeur ou parce que vous avez la SOLITUDE en contre-valeur? Nous allons revoir cette question en détail afin de vous aider à y répondre. Néanmoins, sachez qu'avoir la SOLITUDE en contre-valeur ne signifie pas obligatoirement que l'on a beaucoup d'amis. En effet, pour parer à la solitude insupportable, il suffit d'organiser sa vie autour de trois ou quatre personnes, sans même que ce soient des amis véritables; ou encore, de s'installer avec un conjoint, même inadéquat, pour se donner l'illusion de ne pas être seul.

Commencez par lire la liste des contre-valeurs, sans rien cocher, en vous posant la question: « Est-ce vrai que je ne supporte pas la contre-valeur suivante? »

Comme pour le tableau des valeurs, cochez ensuite sur la liste ci-dessous ce que vous pensez être des contre-valeurs actuelles chez vous. Cochez-en 10 au maximum.

Attention, ces contre-valeurs sont tellement puissantes que vous vous débrouillez pour ne pas les vivre au quotidien. Si vous cochez COLÈRE, c'est que vous ne vous mettez jamais en colère. Ne cochez pas SOUFFRANCE, par exemple, si vous somatisez souvent ou si vous êtes anxieux ou dépressif! Ce n'est pas parce que vous détestez vous sentir anxieux, dépressif, peiné, malade ou souffrant que vous avez la SOUFFRANCE en contre-valeur.

Vous serez probablement surpris de découvrir la RÉUSSITE ou le BONHEUR dans la liste de ce que l'on peut redouter ! Certaines personnes, malheureusement, se débrouillent inconsciemment et bien involontairement pour ne pas réussir ce qu'elles entreprennent en se sabotant. D'autres encore ont l'habitude d'être très anxieuses lorsque le bonheur pointe son nez et s'arrangent pour gâcher tout moment de bonheur. La prise de conscience de vos contre-valeurs exige que vous soyez très honnête avec vous-même.

Enfin, essayez d'attribuer une note entre 10 et 1 (10 étant la plus active dans votre vie) aux contre-valeurs que vous avez identifiées, comme vous l'avez fait pour la hiérarchisation de vos valeurs. Plus encore que pour ces dernières, il est peut-être très délicat pour le moment d'établir une note juste et nuancée. Qu'importe, vous en êtes au début de votre introspection et cette approche vous permet de gagner du temps.

Si vous avez de la difficulté à établir la notation décroissante de 10 à 1, vous pouvez utiliser le système décimal comme 9,75 ; 9,50 ; 9,25.

Tableau 2

Quelles contre-valeurs vous correspondent ?

Cochez 10 valeurs au maximum puis notez-les (de 10 à 1).

	Oui	Note		Oui	Note
Bonheur (p. 141)			Manque de contrôle (p. 160)		
Colère (p. 143)			Manque de reconnaissance (p. 162)		
Conflit (p. 144)			Manque de respect (p. 163)		
Conformisme (p. 145)			Médiocrité (p. 164)		
Culpabilité (p. 147)			Misère (p. 166)		
Dépression (p. 148)			Perte de temps (p. 168)		
Échec (p. 149)			Rejet/Exclusion (p. 172)		
Ennui (p. 151)			Réussite (p. 173)		
Frustration (p. 152)			Routine (p. 175)		
Injustice (p. 153)			Rupture (p. 176)		
Insécurité affective (p. 154)			Solitude (p. 177)		
Insécurité matérielle (p. 155)			Souffrance (p. 178)		
Inutilité (p. 156)			Stress (p. 180)		
Le malsain (p. 157)			Trahison (p. 181)		
Manque de confiance (p. 159)			Vieillesse (p. 182)		

À présent, veuillez inscrire ci-dessous la liste de vos contre-valeurs, en commençant par celles auxquelles vous avez attribué la note 10. Inutile d'inscrire la note, inscrivez seulement vos contre-valeurs par ordre décroissant d'importance.

Date : ______________________

Prénom : ______________________

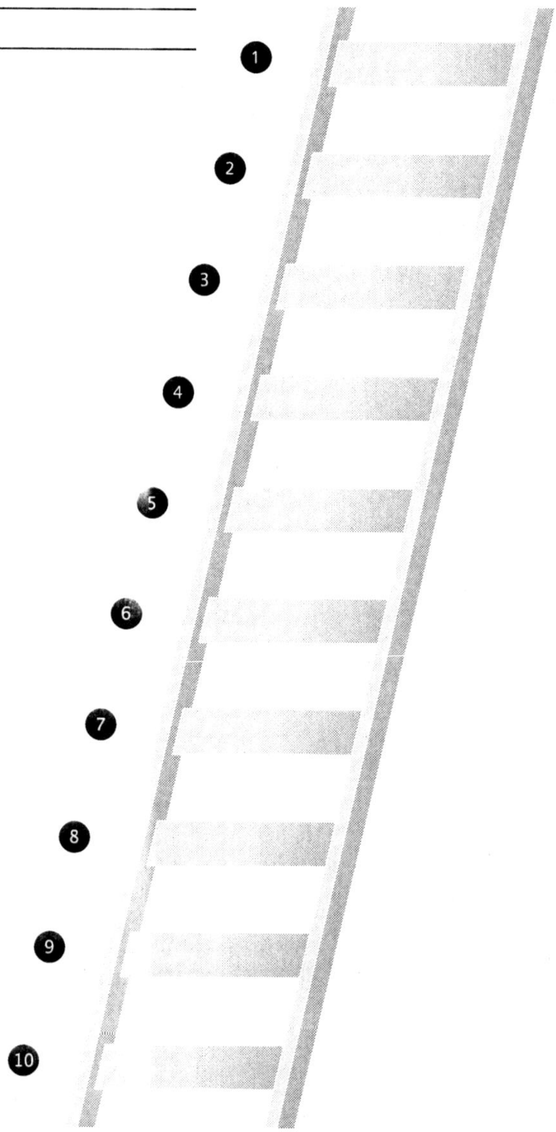

Cohérences et incohérences

Prenez un moment pour comparer votre liste de valeurs avec celle de vos contre-valeurs. Observez-vous des cohérences ou des incohérences ? Prenons quelques exemples de binômes incohérents en apparence ou réellement incompatibles :

- SÉCURITÉ MATÉRIELLE ET FINANCIÈRE et ROUTINE : incohérence apparente. Une personne qui a SÉCURITÉ MATÉRIELLE comme valeur prioritaire s'arrange pour effectuer le moins de changements possibles dans sa vie. On pourrait donc penser qu'elle est routinière. C'est vrai pour certaines personnes, mais d'autres s'organisent pour avoir la stabilité tout en faisant en sorte de ne jamais vivre dans la routine en changeant de petites choses dans leur vie ;
- INTÉGRITÉ et CONFLIT : incohérence réelle. Toute personne fondamentalement intègre est prête à défendre sa position malgré les risques de conflits ;
- AVENTURE et MANQUE DE CONFIANCE : incohérence réelle. Trouver insupportable de ne pas être en confiance pour prendre des décisions est incompatible avec la notion d'aventure ;
- RESPECT DE SOI et REJET : incohérence réelle et parfois temporaire. Lorsqu'on se respecte profondément, on prend le risque de ne pas être compris ou approuvé ;
- RESPECT DES AUTRES et FRUSTRATION : incohérence réelle. Répondre prioritairement aux besoins des autres implique nécessairement, au bout de plusieurs années, une grande frustration ;
- AUTHENTICITÉ et COLÈRE : incohérence réelle. La colère est une émotion naturelle et l'authenticité implique d'être vrai.

Il existe deux raisons possibles à ces contradictions : soit vous ne percevez pas complètement ce que sous-entend la valeur en question, soit le terme utilisé ne correspond pas à votre réalité. Les pages suivantes sont consacrées à ces précisions.

Il est également possible qu'il y ait effectivement une **contradiction dans votre vie actuellement**. Cela crée un fort dilemme, notamment lors de certaines prises de décision. Cela explique aussi pourquoi les choses ne bougent pas pour vous en ce moment, pourquoi vous ressentez certainement un grand inconfort, voire de la détresse depuis plusieurs mois ou plusieurs années.

Prenons le cas du binôme contradictoire RESPECT DE SOI/REJET. Comment une personne peut-elle aspirer profondément à se respecter et en même temps redouter que les autres ne la supportent pas au point de l'exclure ou de la rejeter ? Il y a une explication plausible : **un changement dans la hiérarchie des valeurs est en train de se produire.** La peur du rejet, elle, existe depuis longtemps et a empêché cette personne de s'affirmer pendant des décennies. Elle n'exprimait ni ses besoins, ni ses refus et encore moins ses désagréments sous forme de critiques. Elle évitait soigneusement de montrer son désaccord afin de ne pas provoquer ce qui semblait à ses yeux inévitable : le rejet. Or, depuis quelque temps, cette personne apprend à faire passer certains de ses besoins et de ses aspirations en priorité. Elle réalise enfin le besoin urgent de se respecter et de s'aimer. Peut-être cela vous ressemble-t-il ?

Si vous identifiez le binôme RESPECT DE SOI/REJET, vous êtes probablement en train de changer sur les plans personnel et social. Aidé par une thérapie d'affirmation et d'estime de soi ou bien tout seul, grâce à vos lectures sur le développement personnel, vous vous affirmez. Vous tentez d'exprimer des refus légitimes, vous osez davantage faire des remarques, vous prenez davantage soin de votre personne, certes, mais il n'en reste pas moins que vos croyances sur les risques de rejet restent encore vivaces. N'ayant pas connu l'expérience de vous affirmer légitimement au quotidien (c'est-à-dire d'exprimer vos besoins sans agressivité), vous continuez à croire que cela est insupportable pour l'autre et que cela menace la bonne entente.

Dans la réalité du monde social, ce n'est pas tout à fait vrai. Il existe bien sûr de rares exceptions, c'est-à-dire des gens très égoïstes qui se fichent de votre bien-être. Mais en général, à moins qu'il n'y ait jamais eu aucune concession – des concessions réciproques et raisonnables à l'occasion ne mettent pas en péril la valeur RESPECT DE SOI –, nos proches survivent très bien aux limites qu'on leur pose et continuent de nous apprécier sans nous exclure de leur univers.

La contradiction entre une valeur et une contre-valeur ne résistera pas au temps et à l'évolution **consciente et volontaire** qui se joue en ce moment en vous. La méthode consistant à confronter vos croyances et vos pensées automatiques avec votre réalité vous permettra de faire descendre dans la hiérarchie ou de faire disparaître la contre-valeur REJET[5].

En comparant la liste de vos valeurs et de vos contre-valeurs, vous repérez peut-être aussi des binômes qui vous paraissent logiques. Voici quelques cas :

- SÉCURITÉ/INSÉCURITÉ : binôme cohérent dans un sens mais pas dans l'autre. En effet, la valeur SÉCURITÉ induit obligatoirement un refus de ressentir toute forme d'insécurité, qu'elle soit matérielle ou affective. Mais refuser de ressentir une insécurité en soi n'implique pas la mise en place de tous les moyens pour *être* (et non plus se sentir) en sécurité ;
- SÉCURITÉ AFFECTIVE/SOLITUDE : binôme cohérent dans les deux sens. Quand on recherche activement la sécurité affective c'est que l'on fuit la solitude. Détester la solitude va obligatoirement induire les comportements liés à la recherche de la sécurité affective ;
- EFFICACITÉ/PERTE DE TEMPS : binôme logique mais pas toujours vrai. Certaines personnes détestent perdre du temps

5. Isabelle Nazare-Aga. *Approcher les autres, est-ce si difficile ?*, Montréal, Éditions de l'Homme, 2004.

mais ne sont pas nécessairement efficaces pour autant. Celui qui recherche l'efficacité en tout a davantage l'habitude d'éviter les pertes de temps.

- RÉUSSITE/ÉCHEC : faux binôme malgré l'apparence. Nous pourrions penser que la recherche de la réussite induit obligatoirement un refus profond de l'échec. Erreur ! La peur de l'échec peut, au contraire, constituer un véritable handicap à la réussite ;
- CONTRÔLE/MANQUE DE CONTRÔLE : binôme cohérent dans un sens mais pas dans l'autre. Celui qui déteste « manquer de contrôle » sur sa vie n'a pas nécessairement besoin de *tout* contrôler. L'inverse n'est pas vrai ;
- BIEN-ÊTRE/SOUFFRANCE : binôme cohérent dans un sens. Celui qui est dans l'évitement total de la souffrance ne recherche pas nécessairement le bien-être ;
- SANTÉ/VIEILLESSE : faux binôme. Je ne suis pas certaine que ceux qui cherchent à préserver leur santé grâce à l'alimentation, au sport, et à un art de vivre contrôlé recherchent en fait à ne pas « vieillir ». De même, ceux qui ne supportent pas de vieillir peuvent paradoxalement fumer, boire de l'alcool et ne pas être très attentifs à leur santé ;
- AVENTURE/ROUTINE : binôme cohérent dans un seul sens. L'aventurier dans l'âme ne peut pas supporter la routine. En revanche, celui qui évite systématiquement la routine n'est pas nécessairement un aventurier ;
- LIBERTÉ/CONFORMISME : binôme cohérent dans un seul sens. Toute personne ayant comme valeur haute LIBERTÉ est, par définition, un anticonformiste. En revanche, beaucoup de gens non-conformistes n'ont pas la valeur LIBERTÉ ;
- JUSTICE/INJUSTICE : binôme cohérent dans un seul sens. Celui qui ne supporte pas l'injustice ne porte pas nécessairement le flambeau de la justice. Celui qui se bat pour la justice, par définition, ne supporte pas l'injustice ;
- ESTHÉTISME/MÉDIOCRITÉ : binôme cohérent dans un seul sens. L'esthétisme est par nature à l'opposé de la médiocrité.

Cependant, l'ESTHÉTISME porte un substrat essentiellement visuel que le refus de la médiocrité n'exige pas.

Attention, comme nous le disions précédemment, **une contre-valeur n'est pas systématiquement le reflet inversé d'une valeur** chez une même personne. Elle a son existence propre. Elle ne s'exprime pas tout à fait comme le ferait sa valeur inversée.

Nous allons commencer par «faire le ménage» de ce côté-là et constater les différences dans la manifestation d'une valeur et d'une contre-valeur. Cet ouvrage pouvant se lire d'une façon non linéaire, je vous recommande d'aller directement aux pages concernant les valeurs et les contre-valeurs que vous avez cochées. Bien entendu, rien ne vous interdit d'être curieux et de découvrir ce que peuvent sous-entendre des valeurs et des contre-valeurs qui ne vous concernent pas a priori. Cette curiosité peut s'appliquer à reconnaître les valeurs et les contre-valeurs de vos proches. Cela aura probablement le bénéfice de vous faire mieux comprendre leurs réactions !

Aussi, tel que mentionné précédemment, il est instructif de connaître nos valeurs et contre-valeurs passées. Vous pouvez les indiquer **sur les deux tableaux précédents en ajoutant la lettre «P» dans la colonne «Note».**

Dans les deux parties suivantes, les valeurs et les contre-valeurs sont décrites sous la forme d'une liste d'attitudes correspondantes avec quelques exemples (qui restent des exemples !). **La description doit vous correspondre au moins à 80 pour 100, en particulier dans les premières lignes, pour confirmer la présence de cette valeur en vous.**

Sachez dès à présent que, dans la dernière partie, vous aurez à refaire votre bilan personnel et à remplir de nouveau les tableaux de vos valeurs et de vos contre-valeurs passées, présentes et futures.

Vous trouverez également en annexe deux autres tableaux vierges si vous souhaitez les faire compléter par un de vos proches.

Deuxième partie

La description des valeurs et des contre-valeurs

CHAPITRE 3

Lexique pratique des valeurs

SÉCURITÉ MATÉRIELLE ET FINANCIÈRE, SÉCURITÉ AFFECTIVE

La question du besoin profond de SÉCURITÉ est récurrente dans la recherche de nos valeurs fondamentales. De quelle sécurité parle-t-on au juste ? Nous allons en distinguer deux types :

- SÉCURITÉ MATÉRIELLE ET FINANCIÈRE – Ce besoin exige que l'on ait un revenu suffisant pour se nourrir, se loger, se chauffer et bien vivre jusqu'à la fin de nos jours, mais également pour pouvoir s'offrir du confort et même, pour certains, du luxe ;
- SÉCURITÉ AFFECTIVE – Ce besoin exige que l'on recherche puis que l'on maintienne un attachement affectif à un amoureux, à sa famille ou à un ami.

Enfin, il peut arriver que la SÉCURITÉ soit une valeur haute en soi, si vous accordez la même importance aux deux formes de sécurité.

SÉCURITÉ MATÉRIELLE ET FINANCIÈRE

Cette valeur se retrouve très fréquemment dans le «top 10» de la hiérarchie des valeurs. Mon expérience d'accompagnement dans la recherche des valeurs montre qu'elle a tendance à descendre progressivement dans cette hiérarchie au fur et à mesure que les gens font un travail sur eux-mêmes et se sentent mieux dans leur peau.

Voici comment se manifeste cette valeur:

- Vous ne prenez pas le risque d'exercer une profession libérale (travailleur autonome), car les sources de revenus sont trop aléatoires. Pour cette même raison, la profession d'artiste à temps plein est aussi très anxiogène.
- Vous êtes salarié.
- Vous êtes en général adepte du: «Un tiens vaut mieux que deux tu l'auras!».
- Si possible, vous choisissez un métier dans la fonction publique. Mal payé, peut-être, mais assuré! Vous pouvez être enseignant, employé administratif, policier, conducteur de train ou de bus, fonctionnaire, cadre dans une entreprise gouvernementale, soignant en institution, jardinier de l'hôpital municipal, etc.
- Vous économisez.
- Vous ne détenez pas d'actions boursières. Trop risqué!
- Vous avez une ou plusieurs assurances vie. Si c'est le cas, vous avez sûrement choisi la formule «pépère»!
- Vous cotisez peut-être à des assurances accident-décès-invalidité sur une base permanente ou ponctuelle, pour des vacances de ski ou un voyage hors du pays. Cela est valable pour vous et votre famille. Or, un célibataire sans enfant peut être trop «fourni» dans ce type d'assurances à fonds perdus, uniquement pour satisfaire son besoin de sécurité.
- Si vous jouez au loto, au casino ou au poker, ce ne sera qu'une ou deux fois dans votre vie, ou bien vous ne misez que de très petites sommes, sans dépasser une limite que vous vous êtes

fixée. Cette deuxième option est courante chez les personnes qui ont choisi la sécurité d'emploi, mais avec un salaire peu rémunérateur et sans grand espoir de promotion.
- Votre rêve est d'être propriétaire de votre habitation et vous vous y employez.
- L'idée du changement vous effleure parfois mais, dans les faits, vous ne bougez pas. Cela peut concerner votre métier, votre poste dans une entreprise, votre relation de couple, votre lieu de résidence (ville, village, maison), bref, c'est souvent tout cela à la fois que vous aimeriez changer.

La sécurité, par définition, est l'état d'esprit de quelqu'un qui se sent à l'abri du danger et qui est donc rassuré. Paradoxalement, si la valeur SÉCURITÉ MATÉRIELLE ET FINANCIÈRE ou SÉCURITÉ AFFECTIVE se retrouve dans le haut de votre hiérarchie, c'est que vous n'êtes pas rassuré du tout! En effet, placée à cet endroit, cette valeur révèle surtout la crainte de perdre ce qu'on a déjà (à l'exception de certains d'entre vous qui ne sont pas encore dans la vie active en raison de leur âge ou du fait qu'ils font des études).

Prendre conscience de ce paradoxe nous permet de réaliser que la limite entre la valeur SÉCURITÉ MATÉRIELLE ET FINANCIÈRE et la contre-valeur INSÉCURITÉ MATÉRIELLE est fort ténue. Si vous consultez la section INSÉCURITÉ MATÉRIELLE (voir page 155), vous affinerez votre compréhension, grâce aux exemples de comportements et d'attitudes qui découlent de l'une ou l'autre valeur.

Quand on a la valeur SÉCURITÉ FINANCIÈRE ET MATÉRIELLE, il est évident que l'on craint l'INSÉCURITÉ, mais l'inverse n'est pas vrai. En effet, certaines personnes ne supportent pas de ressentir de l'insécurité matérielle (contre-valeur) mais elles ne s'arrangent pas nécessairement pour assurer leur sécurité absolue à cet égard. En effet, les personnes qui ont en contre-valeur INSÉCURITÉ MATÉRIELLE ET FINANCIÈRE se sécurisent un minimum mais prennent des risques.

Si vous ne vous reconnaissez pas tout à fait dans la description ci-dessus alors que vous aviez coché SÉCURITÉ MATÉRIELLE dans votre liste de valeurs, il est possible que la contre-valeur IN-SÉCURITÉ MATÉRIELLE vous corresponde.

+ SÉCURITÉ AFFECTIVE

Le besoin absolu de SÉCURITÉ AFFECTIVE est, on s'en doute, un attachement aux personnes et non aux biens.

L'espèce humaine est génétiquement programmée pour tisser des liens d'amour, d'amitié et d'échanges avec ses congénères. Le besoin d'affection est d'ordre génétique.

Élevée au rang de valeur essentielle, la SÉCURITÉ AFFECTIVE induit des réactions, un mode de vie et des comportements différents de ceux du commun des mortels. La présence de l'autre devient pratiquement vitale. Cet « autre » est souvent un amoureux, un conjoint, mais également ses enfants, ses parents, voire un ou quelques amis.

Cet attachement se manifeste lorsque :

- Vous comptez sur l'autre (votre amoureux, votre conjoint, vos enfants ou les enfants d'autrui, certains amis) pour nourrir votre besoin d'affection.
- Vous recherchez essentiellement la **stabilité** dans une relation, donc la durabilité.
- Vous mettez au point des rituels agréables afin de maintenir un lien régulier avec l'autre.
- Vous êtes dépendant de l'autre.
- Vous êtes adepte du : « Un tiens vaut mieux que deux tu l'auras ! »
- Vous craignez la solitude.
- Vous avez probablement la SOLITUDE en contre-valeur.
- Si vous tombez en amour, vous délaissez assez facilement vos quelques amis et votre famille. Vous pariez totalement sur cette nouvelle relation pour nourrir votre besoin d'affection.

- Si cette valeur est très importante chez vous, vous consacrez beaucoup d'énergie afin de vous assurer que l'autre est toujours présent et, surtout, qu'il ne vous oublie pas : vous lui téléphonez plusieurs fois par jour sous divers prétextes, vous le consultez pour des choses futiles et vous lui demandez en quelque sorte son « autorisation » dès que vous avez une idée ou un projet en tête.
- Vous êtes jaloux et craignez qu'il s'intéresse à une autre personne que vous.
- En cas de relation conflictuelle et pénible, vous résistez à l'envie de quitter l'autre définitivement.
- Même quand l'amour n'est plus, vous maintenez la relation (sauf si vous avez trouvé quelqu'un d'autre à aimer).
- Vous pensez que votre vie n'aurait aucun sens si l'autre venait à disparaître. Pourtant, si vous devenez veuf, vous trouvez un autre compagnon de vie en moins d'un an, à cause, justement, de cette valeur prioritaire.
- S'il y a rupture, vous retrouvez assez rapidement (en quelques mois) un autre partenaire. Si ce n'est pas le cas, vous restez en état recherche et en manque. De plus, on se dit souvent que plus on vieillit, moins c'est facile. C'est probablement vrai et c'est ce qui peut expliquer que vous mainteniez des relations parfois peu épanouissantes ou que vous n'en ayez pas du tout.
- Vous avez peut-être eu des déboires à cause de cet attachement exclusif mais vous persistez.
- Si vous êtes marié depuis longtemps et que la relation avec votre conjoint n'est pas satisfaisante, vous vous tournez vers vos enfants, qui deviennent alors votre bouée de sauvetage, votre principale attache affective. Sans oublier que pour un certain nombre de femmes, il ne s'agira pas d'un enfant mais... d'un petit chien !

Qu'en est-il si vous avez coché SÉCURITÉ AFFECTIVE mais que vous ne vous reconnaissez pas dans ces manifestations ? Éprouveriez-vous au contraire la crainte de vivre de l'INSÉCURITÉ AFFECTIVE ?

APPRENDRE, PROGRESSER, SAVOIR/CONNAÎTRE, DÉCOUVRIR, PLAISIR INTELLECTUEL, TRANSMETTRE, ÉVOLUER

Cette section est probablement l'une des plus complexes en ce qui a trait à la distinction entre les valeurs d'une même catégorie, tout d'abord à cause du nombre de valeurs (sept en tout) qui en font partie, puis en raison des nuances subtiles entre elles. Il vous faudra d'ailleurs réfléchir à ces dernières afin d'identifier avec certitude votre valeur exacte (seulement si vous avez coché l'une de ces valeurs).

Lorsque les personnes que j'accompagne me confient avoir besoin d'*apprendre,* de *savoir,* de *comprendre* ou de *découvrir,* je leur pose toujours la question suivante: «Pourquoi?» ou «À quoi cela vous sert-il?» Parfois, la valeur se révèle d'elle-même, c'est-à-dire qu'il n'y a pas d'autres raisons, d'autre finalité que d'apprendre pour apprendre, par exemple. Mais souvent ces personnes découvrent que cela satisfait un autre besoin. Il peut s'agir du plaisir intellectuel qu'elles en retirent, de l'importance de transmettre leur savoir, d'évoluer personnellement et, pourquoi pas, d'en tirer une reconnaissance sociale. Pour certains d'entre vous, des valeurs comme SAVOIR/CONNAÎTRE, DÉCOUVRIR, APPRENDRE ne sont **pas des valeurs de buts mais des valeurs de moyens.** Elles constituent des moyens de satisfaire d'autres valeurs telles que PLAISIR INTELLECTUEL, TRANSMETTRE, ÉVOLUER, PROGRESSER. À vous de réfléchir. La capacité de discerner la valeur qui vous correspond vraiment peut être fondamentale pour votre avenir. Surtout professionnel.

Voici votre profil typique selon les valeurs suivantes:

⊞ APPRENDRE

Lorsqu'APPRENDRE se situe au niveau d'une valeur (de moyens ou de buts), il s'agit d'une action consciente qui vous apporte un pur plaisir. Cela n'est aucunement une contrainte. Certains lecteurs sont encore à l'école ou en formation ; si la passion d'apprendre ne vous « tient pas au corps », si vous n'êtes pas « boulimique » du savoir, passez votre chemin !

- Vous apprenez tous les jours, d'une façon ou d'une autre, grâce au spectacle quotidien de la vie.
- Vous lisez énormément.
- Vous lisez ou vous consultez régulièrement des ouvrages, des encyclopédies, des dictionnaires, des manuels de grammaire, des magazines spécialisés, des sites Internet spécialisés.
- Vous avez une grande curiosité intellectuelle.
- Votre curiosité se satisfait amplement de ce que vous découvrez dans les livres, à la télévision ou à la radio. Vous ne partez pas muni d'un simple sac à dos ou de votre valise pour apprendre comment tourne le monde. Le savoir par les informations livrées à la maison vous suffit.
- Vous apprenez sur tout et n'importe quoi.
- Vous regardez principalement des émissions de télévision qui vous apprennent quelque chose (si vous avez une télévision). Certains jeux télévisés, comme *Qui veut gagner des millions* ou *Questions pour un champion,* suscitent autant votre curiosité que les reportages sur la recherche du pétrole en Russie, la guerre en Irak, le réchauffement climatique ou les dernières recherches sur le traitement du cancer.
- Votre objectif n'est pas réellement de débattre en société de vos connaissances, de transmettre votre savoir ou d'évoluer en changeant de vie.
- Vous aimez vous initier à toutes les pratiques. Votre curiosité vous amène à demander qu'on vous apprenne de nouvelles techniques.

APPRENDRE peut, pour certains d'entre vous, être une valeur de moyen pour satisfaire la valeur PLAISIR INTELLECTUEL.

PROGRESSER

Cette valeur signifie que l'on éprouve le besoin constant de s'améliorer dans presque tous les domaines d'apprentissage. Mais ici, nous parlons d'action ! Cette valeur implique que vous gravissez des échelons et que vous n'êtes pas un véritable perfectionniste. En effet, le vrai perfectionniste se juge trop négativement et se vexe face aux critiques. Pour ces deux raisons, entre autres, il est lent à progresser. Il a tellement peur d'être mal jugé et d'échouer qu'il stagne dès qu'il s'agit de faire de nouvelles tentatives ou d'avancer dans l'inconnu. En revanche, il ne stagne pas lorsqu'il s'agit d'apprendre grâce à la lecture.

- Stagner est insupportable pour vous.
- Le changement vers le mieux, le plus, constitue un besoin chez vous. Il vous faut absolument avancer et vous développer.
- Vous aimez le savoir livresque, mais vous préférez apprendre de façon concrète par **l'action et l'expérience**.
- **Vous évaluez vos progrès** au niveau des connaissances, des techniques et des mises en application. Vous comptabilisez vos réussites, vos coups ratés, le temps que vous prenez pour accomplir telle ou telle tâche ; vous faites votre propre sauce comptable pour avoir le plaisir d'évaluer objectivement vos progrès. Par exemple : vous êtes capable de noter en combien de temps vous réussissez vos sudokus démoniaques (jeu de stratégie composé de chiffres, popularisé par les Japonais).
- Vous êtes en compétition avec vous-même.
- Vous faites des efforts pour vous améliorer dans chaque nouvelle tâche. Que ce soit pour l'apprentissage de l'anglais, les

applications du logiciel Excel, l'utilisation d'Internet, le fonctionnement de votre appareil photo numérique ou l'amélioration de votre technique de golf.
- Si vous ne réussissez pas à vous améliorer, vous n'abandonnez pas la partie. Vous suivez des cours, vous vous faites aider et accompagner, vous persévérez. Ce n'est qu'en cas d'absence quasi totale de progrès que vous laissez tomber.
- Chaque erreur est l'occasion de modifier un système pour l'améliorer et ne jamais régresser.

Par ailleurs, PROGRESSER peut être une valeur de moyen pour la valeur de but ÉVOLUER.

+ SAVOIR/CONNAÎTRE

Savoir se définit comme « avoir quelque chose en mémoire, de manière à pouvoir le répéter (savoir sa leçon). » La définition de *connaître* est très proche : « C'est **avoir acquis** des connaissances et de la pratique dans un domaine particulier ». C'est la raison pour laquelle j'ai associé ces deux valeurs.

Nous comprenons, grâce à ces définitions, que ces deux notions sont très proches d'APPRENDRE. Je dirais que la différence est qu'il y a un aspect dynamique dans le fait d'apprendre, même si pour actualiser cette valeur il n'est pas nécessaire que l'on bouge de son fauteuil.

SAVOIR/CONNAÎTRE est le constat d'un état (avoir acquis). Cela peut constituer la finalité d'apprendre.

Je crois que la valeur SAVOIR/CONNAÎTRE fait davantage référence à une expérience et à une « étude » plus approfondies que la notion *apprendre*. Le savoir est un ensemble de connaissances acquises par l'étude. Le verbe *savoir* signifie que l'on est instruit dans quelque chose, que l'on possède un métier, que l'on est capable d'une activité dont on a acquis la pratique.

Avoir la valeur SAVOIR/CONNAÎTRE, c'est ressentir un immense plaisir à maîtriser une connaissance, quel qu'ait été le processus pour l'acquérir.

SAVOIR/CONNAÎTRE peut être une valeur de moyen pour la valeur de but TRANSMETTRE ou RECONNAISSANCE SOCIALE.

DÉCOUVRIR

DÉCOUVRIR est en général une valeur de moyen pour ceux qui ont AVENTURE en valeur haute, mais également pour ceux qui ont PLAISIR INTELLECTUEL.

Attention de ne pas confondre cette valeur avec la qualité « curiosité », car la plupart des gens sont curieux et aiment faire des découvertes (un lieu, un paysage, un mets, un sport, un monument, etc.).

Voici comment cette valeur se manifeste :

- Vous vivez dans le but de découvrir chaque jour de nouvelles choses.
- Vous préférez l'imprévu, mais pas toujours.
- Vous aimez aller vers l'inconnu et vers les inconnus.
- Vous n'êtes pas timide (les gens timides, au contraire, évitent l'inconnu).
- Sortir de l'ignorance peut se faire au hasard de lectures, d'émissions télévisées ou radiophoniques, de nouvelles expériences, etc.
- Vous exercez un métier correspondant à cette valeur : journaliste, explorateur, reporter, photographe, peintre, dessinateur, archéologue, enquêteur, chercheur.
- À part certaines situations imprévues que vous accueillez avec plaisir, vous êtes très actif et réfléchi pour découvrir ce que vous cherchez, du moment que cela a du sens pour vous.
- Vous testez de nouveaux trajets pour aller au travail ou ailleurs.

- Vous essayez de nouveaux restaurants ou bars, vous choisissez différentes compagnies aériennes, de nouveaux hôtels, etc.
- Vous êtes curieux de tout.
- Vous êtes réfractaire à la routine.

+ PLAISIR INTELLECTUEL

Cette valeur courante peut être vécue d'une façon tellement naturelle et évidente que sa manifestation ne vous saute pas aux yeux au quotidien. Si le plaisir intellectuel est un besoin prioritaire, vous correspondez à 100 pour 100 avec ce qui suit.

- Votre cerveau a besoin d'être stimulé par de nouvelles informations qui suscitent chez vous une réflexion.
- Le processus de compréhension se déclenche automatiquement chez vous.
- Vous essayez de trouver un intérêt intellectuel à toute chose. Vous avez besoin de comprendre.
- Vous êtes curieux.
- Vous réfléchissez beaucoup, sans effort ni anxiété.
- Vous comprenez vite et bien, car vous êtes très habitué à réfléchir.
- Le domaine des sciences (peut-être aussi les sciences humaines) vous intéresse particulièrement.

+ TRANSMETTRE

Cette valeur de but s'appuie sur le besoin d'apprendre, de savoir et peut-être de découvrir. Attention, chacun transmet obligatoirement une multitude de choses à autrui durant sa vie, souvent à son insu. Or, la valeur TRANSMETTRE se manifeste comme une priorité volontaire, réfléchie et consciente.

- Vous ressentez fondamentalement le besoin de communiquer ce que vous avez reçu.
- Vous enseignez. Vous formez d'autres personnes. Vous transmettez concrètement vos connaissances.
- Vous exercez de préférence les professions suivantes: maître de stage, professeur, instituteur, conférencier, auteur ou écrivain, reporter, journaliste, chargé de cours, formateur, consultant, etc.
- Si vous n'êtes pas encore sur le marché du travail, vous vous dirigez vers l'enseignement ou vous choisissez un domaine où vous pourrez transmettre votre savoir-faire.
- Vos lectures vous permettent d'acquérir des connaissances avec l'objectif de transmettre des informations justes et actuelles.
- Vous ne lisez que rarement des romans (sauf si vous êtes prof de français).
- Dans l'éducation des enfants (les vôtres ou ceux des autres), vous prenez plaisir à expliquer les choses.
- Vous êtes patient et pédagogue.

ÉVOLUER

Cette valeur est proche de SE RÉALISER, mais je qualifierais cette dernière de plus spirituelle et plus liée à l'estime de soi.

ÉVOLUER est une dynamique consciente qui tend vers la compréhension de soi et de changements comportementaux, que je qualifierais de plus intellectuels, c'est-à-dire avec l'apport de processus mentaux peut-être plus conscients. La valeur ÉVOLUER se situe à un niveau plus large que la valeur PROGRESSER, en ce sens que cette dernière se limite à des tâches, à des apprentissages, accompagnés chaque fois par des évaluations objectives.

Si vous avez la valeur ÉVOLUER :

- Vous évoluez au niveau de votre caractère.
- Vous évoluez dans vos comportements.

- Vous évoluez au niveau de votre gestion émotionnelle.
- Vous évoluez dans la reconnaissance de vos qualités.
- Vous évoluez au niveau de votre estime personnelle.
- Vous évoluez dans votre philosophie de vie.
- Vous évoluez dans une vision plus relative et plus positive de vous-même, des autres et de votre environnement.
- Évoluer, c'est se sentir mieux, penser mieux, agir et réagir mieux… qu'avant ! Comme aujourd'hui est le hier de demain, votre dynamique de progrès est constante.
- Les gens de votre entourage qui n'ont pas évolué depuis des décennies vous irritent et vous font pitié.
- Les gens de votre entourage remarquent votre évolution (s'ils ont osé vous le dire !).

AUTONOMIE, INDÉPENDANCE, LIBERTÉ, RESPONSABILITÉ, AVENTURE

Si vous consultez les rubriques sur les valeurs AIDE AUX AUTRES et JUSTICE, vous constaterez que ces dernières mènent vers un métier ou un type d'activité spécifique. La valeur AIDE AUX AUTRES vous dirige vers les domaines de la psychologie, de la médecine ou des sciences sociales, et la valeur JUSTICE vous amène à choisir des métiers ou professions comme magistrat, avocat, militant syndical, etc. Rien ne nous permet de savoir, avec ces seules valeurs, si vous travaillez seul ou en équipe, si vous êtes salarié, travailleur autonome ou cadre dans une entreprise. En abordant ce chapitre, nous allons donc découvrir quel est votre **mode** idéal de fonctionnement, c'est-à-dire celui qui est le plus susceptible de vous aider à vous épanouir. Travaillez-vous mieux seul ou en équipe ? Préférez-vous avoir de la latitude ou être encadré ?

Les notions d'autonomie, d'indépendance et de liberté semblent proches les unes des autres. Or, dans notre vie quotidienne, elles sous-tendent des attitudes vraiment différentes et parfois même diamétralement opposées. **Si vous avez coché une de ces trois valeurs,** AUTONOMIE, INDÉPENDANCE et LIBERTÉ, il est plus important que vous ne pouvez l'imaginer de bien les comprendre et de les distinguer, surtout en regard du choix d'un métier ou d'une carrière.Votre mode de **fonctionnement sur les plans professionnel, conjugal et familial** sera particulièrement influencé par l'existence de l'une ou l'autre des cinq valeurs de ce groupe, si elle est prioritaire chez vous.

Voyons de plus près ce qu'elles sous-tendent.

AUTONOMIE

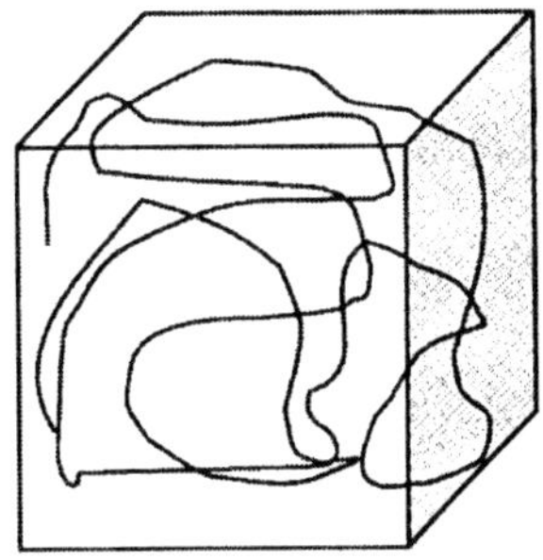

Imaginez un cube ou un carré de 10 x 10 cm, puis inventez le trajet d'une mouche à l'intérieur, juste assez long pour que vous ayez l'impression que la mouche est libre de se déplacer à sa guise à l'intérieur de celui-ci.

Cette image est représentative de la liberté que peut s'octroyer une personne qui a la valeur AUTONOMIE. Contrairement aux valeurs LIBERTÉ et INDÉPENDANCE, la valeur AUTONOMIE s'accommode très bien d'un cadre, à condition qu'il ne soit pas trop rigide et permette une certaine liberté d'action.

Si vous avez AUTONOMIE en valeur haute :

- Vous êtes salarié (ou femme au foyer).
- Vous êtes cadre au sein d'une hiérarchie professionnelle.
- Vous êtes autonome dans vos tâches et vos horaires (cependant, si l'équipe commence à 9 heures du matin, vous n'osez tout de même pas arriver à votre travail à midi sans une bonne raison !).
- Travailler en équipe, même si elle est toute petite, vous motive.
- Vous êtes stimulé par la présence des autres, l'ambiance, les résultats à fournir, les délais à respecter, etc.
- Vous acceptez les contraintes.
- Vous savez rendre des comptes à un chef.
- Vous avez peur de monter votre propre entreprise.
- Vous avez des objectifs à satisfaire, mais vous avez besoin de sentir que vous êtes libre de vous organiser comme vous le voulez.
- Vous voulez être libre de travailler comme vous le souhaitez. C'est une illusion, car votre liberté n'est pas totale. Vous voulez avoir **l'impression d'être libre** de travailler à votre guise.
- Vous avez probablement INSÉCURITÉ FINANCIÈRE ET MATÉRIELLE en contre-valeur ou SÉCURITÉ MATÉRIELLE en valeur. Vérifiez.

- On peut vous faire confiance pour organiser un événement, quel qu'il soit. Mais attention, la créativité et les initiatives **risquées** ne sont pas votre tasse de thé ! Vous êtes tout de même attentif à ce que votre hiérarchie ou votre équipe peut penser de votre idée novatrice avant d'en faire une libre application.
- Il faut, au départ, qu'on vous dise ce qu'on attend de vous. Ensuite, il faut vous ficher la paix et vous laisser accomplir vos tâches.

INDÉPENDANCE

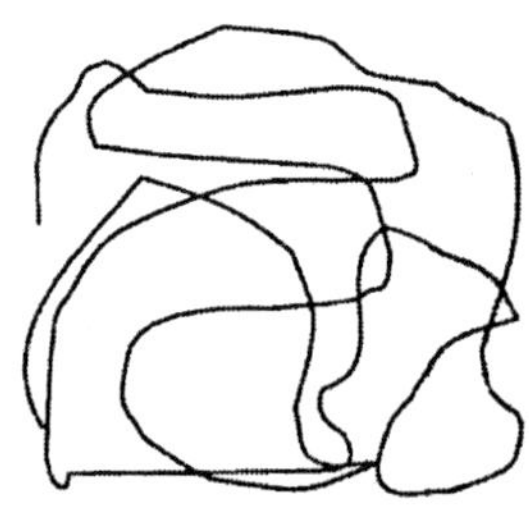

Pour reprendre l'analogie du trajet de la mouche dans son cube, celui ou celle qui a la valeur INDÉPENDANCE est capable de se fixer des limites, tout en étant très actif, mais refuse absolument de se voir imposer un cadre.

Autrement dit, il ne veut pas être limité par autrui, mais il veut s'imposer lui-même ses propres limites.

Vous êtes viscéralement indépendant si vous avez les caractéristiques suivantes :

- Vous êtes votre propre patron.
- Vous aimez travailler seul.
- Vous êtes très responsable dans tous les sens du terme.
- Vous pensez qu'on est l'artisan de sa vie.
- Vous n'attendez pas que la société ou une entreprise vous prenne en charge.
- Vous pouvez avoir des employés sous vos ordres (ce n'est pas le cas lorsque vous avez la valeur LIBERTÉ).
- Vous pouvez avoir un supérieur hiérarchique, s'il est très compétent et crédible à vos yeux, mais à condition qu'il ne travaille pas quotidiennement avec vous.

- Vous détestez avoir à rendre des comptes trop régulièrement à un patron.
- Vous êtes le seul à pouvoir vous donner un cadre : vous choisissez les dates de vos vacances, leur durée, leur fréquence. Vous choisissez vos horaires, les jours et la durée de votre travail. Autrement dit, vous travaillez correctement sans avoir à être stimulé par un cadre préétabli (horaires, lieux, moyens) ni par une équipe.
- Vous avez des horaires de travail très élastiques ! En général, vous travaillez beaucoup.
- Vous n'êtes quasiment jamais malade.
- Vous pouvez bien gagner votre vie ou encore être juste financièrement malgré les années de travail.
- Vous ne pouvez vous associer en affaires qu'avec une personne compétente, complémentaire, et qui a des valeurs communes aux vôtres. Je parle d'associés et non de simples employés. Mais avec l'expérience, vous préférez prendre vos décisions tout seul.
- En couple ou en amour, vous n'êtes pas dépendant affectif.
- Vous ne supportez pas un amoureux trop dépendant de vous.
- Vous avez tendance à tout partager financièrement et à ne pas vous faire entretenir.
- En amour, vous savez vous engager.
- Vous ne supportez pas qu'une relation amoureuse renie vos besoins de ressourcement en solitaire et vos liens amicaux et sociaux.
- Vous ne supportez pas qu'une relation amoureuse entrave vos aspirations et vos ambitions professionnelles. Il en va de même pour vos engagements associatifs ou vos loisirs.

+ LIBERTÉ

Si on dessinait la valeur LIBERTÉ, elle pourrait ressembler à ceci :

Le moins qu'on puisse dire, c'est qu'on sort vraiment du cadre !

Plusieurs d'entre vous cochent LIBERTÉ dans le premier tableau des valeurs. Or, cette valeur est exceptionnelle ! Je n'ai rencontré que quelques rares personnes qui l'avaient vraiment.

La valeur LIBERTÉ, lorsqu'elle se situe vers le haut de la hiérarchie, n'est pas simple à satisfaire dans nos sociétés occidentales. En effet, on nous dit que rentrer dans la norme, respecter l'ordre, les codes sociaux et l'autorité sont la garantie d'une vie en société acceptable. On nous fait croire que ce conformisme constitue le seul moyen de gagner sa vie, d'avoir des enfants et de les élever correctement, d'avoir une retraite dorée, d'être remboursé pour ceci ou pour cela... Sachez que tous ces arguments passent totalement au-dessus de la tête d'une personne qui a la valeur LIBERTÉ.

Si c'est votre cas :

- Vous choisissez vos horaires, vos vacances, vos tâches du jour, vos missions, etc.
- Vous n'êtes pas salarié.
- Vous n'avez pas d'employés salariés non plus : trop de surveillance et de contraintes.
- Vous travaillez probablement seul.
- Vous ne supportez pas d'avoir un supérieur hiérarchique sauf lors de missions courtes (par exemple, pour le tournage d'un film, les répétitions pour une pièce de théâtre).
- Votre intelligence et votre esprit critique et curieux de tout vous permettent de choisir tout type de métier exportable à condition qu'il ne s'inscrive pas dans un cadre hiérarchique quelconque. Vous êtes obligatoirement votre propre patron.
- Vous n'êtes pas **nécessairement** déclaré officiellement ou fiscalement. Vous détestez les déclarations en général sous risque d'être contrôlé et donc de perdre votre liberté.
- Vous n'avez pas d'horaires et vous travaillez ou faites des activités la nuit si cela vous chante.
- Vous choisissez des domaines de savoir-faire qui ne vous rendent pas dépendant des autres. Autrement dit, vous êtes polyvalent.

- Vous pourriez pratiquer votre métier presque n'importe où sur la planète.
- Vous ne choisissez pas des métiers qui vous emprisonnent comme dans l'hôtellerie ou le commerce. Vous êtes plutôt artisan de quelque chose. Pour sûr, vous êtes le Maître artisan de votre vie !
- Vous êtes probablement artiste (peintre, comédien, acteur), artisan, écrivain, photographe, rentier, créateur de… quelque chose, voyageur, navigateur, explorateur, etc.
- Vous êtes anticonformiste.
- Votre anticonformisme naturel vous conduit à ne pas faire les choses comme « tout le monde ».
- Vous êtes serein.
- Vous aimez l'imprévu (mais pas les obstacles imprévus à l'aboutissement d'un projet).
- Vous aimez l'aventure.
- Vous partez régulièrement en voyage.
- L'engagement sur une date précise est contraignant pour vous, sauf si cela ne dérange pas votre plan initial : « Une pierre, deux coups ! » Le plus souvent, vous choisissez vous-même la date.
- Vous êtes souvent en retard ou pile à l'heure. Pour vous, le temps mort est un gâchis.
- Vous êtes probablement un procrastinateur[6]. Vous ne remplissez pas vos papiers en temps et lieu.
- Vous tenez à votre liberté de penser et vous exprimez librement vos opinions (politique, religieuse, philosophique, par exemple). Vous poussez parfois les gens à faire de même.
- Vous mangez quand vous voulez.
- Vous ne vous enfermez pas dans les rituels sociaux. Vous oubliez les anniversaires de vos proches régulièrement. Passer Noël tout seul dans un lieu paisible vous conviendra aussi bien que le

6. Ce terme barbare à prononcer n'existe pas encore dans votre dictionnaire. Ce sera le cas un jour, car il est couramment utilisé en psychologie pour décrire des gens qui remettent tout au lendemain.

passer en famille, voire mieux, puisque vous ne vous imposez pas d'horaires pour les repas! Vous n'en avez rien dit à votre famille, bien entendu.

- Vous n'aimez pas les mondanités ni les contraintes sociales.
- Vous faites très peu d'effort social. Vous craignez de vous montrer sous un faux jour et de devoir donc conserver ce masque à l'avenir. C'est une astreinte supplémentaire à vos yeux. Vous voulez rester naturel.
- Vous êtes à l'aise quand vous êtes seul. Cela garantit votre besoin de liberté.
- Vous avez de vieux copains, qui fonctionnent probablement à peu près comme vous. Vous les voyez évidemment peu dans l'année, car chacun fait ce qu'il veut et quand il le veut!
- Vous n'avez pas beaucoup d'amis. Vous ne répondez pas assez rapidement aux invitations à dîner, à participer à des fêtes ou à des activités communautaires; on vous remplace et l'on finit par ne plus compter sur vous, sauf pour les projets de dernière minute.
- Vous respectez totalement la liberté des autres.
- Vous ne semblez pas avoir d'attachement ou être possessif avec vos proches.
- Vous n'appliquez pas les règles «bêtement», mais seulement si vous croyez qu'elles sont intelligentes. La vie de bohème vous plaît bien et vous entraînez dans le mouvement votre conjoint et vos enfants. Sauf que...
- Votre conjoint et vos enfants n'apprécient probablement pas autant que vous l'absence quasi totale de cadres (des horaires fixes, par exemple). Votre façon de vivre déstabilise vos proches, et plus particulièrement votre conjoint. Si ce dernier ne partage pas la valeur LIBERTÉ avec vous, il va peut-être s'adapter et vivre en déphasage avec vous mais, le plus souvent, il va décider de ne plus partager votre quotidien, comme le ferait un couple classique. Cependant, il ne s'agit pas réellement d'une rupture affective, mais d'une alternative qui pourrait consister, par exemple, à vivre chacun de son côté. Malheureusement, pour

certains, ce mode de vie exaspère tellement le partenaire (pourtant fasciné par cette totale liberté au début de la relation) qu'il peut finir par s'écarter définitivement.

La véritable liberté se paie très cher, car d'autres valeurs et intérêts doivent être mis de côté pour la vivre.

Si vous ne vous reconnaissez pas dans ce profil, cela n'a rien d'étonnant. Beaucoup d'entre nous ont besoin d'éprouver un **sentiment** de liberté. Ici, comme vous l'avez certainement compris, lorsque la LIBERTÉ a le statut de valeur, il s'agit alors d'un **véritable mode de vie**.

Vous pouvez vérifier si vous détenez la contre-valeur CONFORMISME à la place de LIBERTÉ.

+ RESPONSABILITÉ

Dans ce groupement, chacune des valeurs AUTONOMIE, INDÉPENDANCE et LIBERTÉ a une manifestation centrale très importante : la responsabilité.

Un adolescent ou un jeune adulte qui fait l'école buissonnière, qui fume des joints, boit de l'alcool, ne fait rien de ses journées, à part écouter de la musique, se croit probablement « libre ». Il peut croire que c'est ainsi que se vit la véritable liberté. Or, celle-ci ne devient réelle que lorsqu'elle permet d'assumer une obligation : la responsabilité.

En fait, l'homme libre est un homme responsable par nature. Il assume très bien ce paradoxe. Il a la capacité de prendre une décision sans en référer préalablement à une autorité supérieure. Il a surtout le réflexe de réfléchir et de peser les conséquences de ses actes. S'il a une famille, celui qui a la valeur LIBERTÉ, INDÉPENDANCE ou AUTONOMIE sait qu'il doit répondre de ses actes et de ceux des personnes dont il a la charge. Si son conjoint trouve trop difficile de vivre avec lui, il peut décider de recréer son cadre de vie à côté. Il n'y a pas nécessairement divorce et, paradoxalement, il n'abandonnera pas ses responsabilités matérielle et financière. Il peut même donner de ses nouvelles régulièrement. La valeur RESPONSABILITÉ n'est donc pas contradictoire avec la valeur LIBERTÉ.

Les personnes qui vivent les valeurs LIBERTÉ, INDÉPENDANCE ou AUTONOMIE ont obligatoirement **la valeur de moyen** RESPONSABILITÉ. Ainsi, si vous avez coché puis confirmé LIBERTÉ, INDÉPENDANCE ou AUTONOMIE, il n'est pas nécessaire de cocher également RESPONSABILITÉ, car cela va de soi que vous avez cette valeur.

En revanche, certaines personnes qui n'ont aucune de ces trois précédentes valeurs peuvent avoir tout de même la valeur RESPONSABILITÉ (en valeur de but et non pas en valeur de moyen).

Attention, s'occuper de ses enfants n'est pas une preuve que la valeur RESPONSABILITÉ arrive aux premiers rangs dans notre échelle de valeurs. Il en faut beaucoup plus que ce que font la majorité des parents. De plus, ce n'est pas seulement en tant que parent que cette valeur se concrétisera. Voyez plutôt :

- En dehors des enfants, vous vous occupez de l'intendance de la maison, du bureau, d'une association sportive, ou d'un club de loisirs.
- Vous êtes une personne occupée. Parfois trop, car vous ne déléguez pas facilement.
- Vous ne déléguez qu'aux gens qui ont prouvé leur sens des responsabilités.
- Vous prenez des engagements dans la collectivité, par exemple, en faisant partie d'organismes qui vous intéressent, en œuvrant au sein d'une ou plusieurs associations ; mais peut-être aussi en étant membre du conseil syndical des copropriétaires de votre immeuble ; en créant une fondation ; en étant élu municipal, maire, militant syndical, etc.
- Vous êtes consciencieux.

- Vous honorez vos engagements.
- Vous assumez vos décisions même s'il s'agit d'une erreur.
- Vous êtes honnête.
- Vous êtes plutôt rigoureux, car vous voulez absolument répondre de vos tâches et de vos engagements.
- Vous travaillez dur pour assumer la charge matérielle et financière d'une autre personne ou d'une famille.
- La perspective d'être chef, même seulement « chef de famille », vous plaît, car cela renforce l'idée que vous vivez en accord avec votre valeur, que vous accomplissez votre mission de vie. Un seul enfant suffit pour donner cette impression d'avoir la mission importante de bien l'élever.
- Il se peut que vous ne soyez pas actif sur le marché du travail. Dans ce cas, vous mettez votre énergie soit à appuyer la carrière de votre conjoint, soit – moins ambitieux et plus habituel –, à vous occuper de vos enfants. Dans ce dernier cas, vous prenez la responsabilité de les accompagner consciencieusement, qu'il s'agisse de superviser leurs travaux scolaires, de les inscrire à des activités culturelles et sportives, de rencontrer leurs professeurs, etc. mais aussi, de voir à ce qu'ils aient une bonne hygiène de vie, en surveillant leur alimentation, en vous assurant qu'ils sont en bonne santé physique et psychique, qu'ils se développent bien sur les plans intellectuel, émotionnel et social, et cela, du lever jusqu'à l'heure du coucher !
- Si vous avez une carrière, vous travaillez **et** vous vous occupez consciencieusement de vos enfants.
- Lorsque vous ne parvenez pas à prendre les choses ou les personnes en main, à cause d'une incompatibilité d'agenda ou géographique, vous vous sentez impuissant et parfois même coupable !
- Vous pouvez avoir MANQUE DE CONTRÔLE en contre-valeur ou CONTRÔLE en valeur. Vérifiez.
- Devant une situation qui demande une prise en charge, vous passez à l'action, même si cela ne vous concerne pas personnellement : vous cherchez un extincteur pour éteindre un feu, vous offrez votre aide sur la scène d'un accident, vous organisez une

battue afin de rechercher un enfant disparu, vous vous occupez ou vous vous préoccupez d'une personne qui a un malaise dans le magasin où vous êtes, vous donnez des conseils pour « réparer » une situation aberrante, stupide ou problématique.

Sur le plan professionnel, la conséquence de cette valeur n'est pas caractéristique. Que vous soyez salarié ou pas, cadre ou subordonné, dans tous les cas vous cherchez à assumer avec grand sérieux des responsabilités, quitte à vous préoccuper à l'occasion de choses qui ne vous regardent pas. (Exemple : un membre du conseil d'administration de copropriétaires ou un concierge agit comme s'il était propriétaire de l'immeuble tout entier !)

+ AVENTURE

Si vous aimez, au gré d'une promenade, « aller à l'aventure » pour explorer de nouveaux itinéraires, il ne s'agit pas d'une telle valeur. Vous constaterez avec ce qui suit qu'il s'agit d'un idéal de vie plutôt rare :

- Vous êtes épris d'indépendance ou de liberté totale.
- Vous êtes anticonformiste.
- Vous avez choisi un métier ou une activité en rapport avec votre besoin d'explorer et de découvrir.
- Vous êtes reporter, journaliste de guerre, archéologue, spéléologue, explorateur, marin d'aventure, sportif d'exception comme alpiniste, secouriste de catastrophes, etc.
- Vous ne supportez que difficilement les cadres professionnels (horaires de bureau, par exemple). Vous travaillez peut-être pour une organisation, un groupe de presse, une fondation, mais votre vrai travail se fait hors des murs sécuritaires et sans horaire prévisible ni obligatoire.
- Vous adorez l'imprévu.
- Vous ne partez jamais en voyage organisé.

- En voyage, vous ne savez pas où vous allez dormir le lendemain, car cela ne vous angoisse aucunement.
- Vous partez dans les pays étrangers plusieurs fois par an, et ce, depuis que vous êtes jeune adulte et même adolescent.
- Vous êtes en bonne forme physique même si vous n'êtes pas un grand athlète ni un fana du sport. La condition physique est importante pour parer aux aléas d'une vie aventureuse, afin de pouvoir prendre de longues marches, dormir sur le sol, ne pas dormir du tout, porter des sacs, se cacher, courir, grimper. C'est pratiquement ce que vous recherchez !
- Vous n'êtes pas en quête du confort total. Vous savez cependant l'apprécier lorsqu'il se présente.
- Si vous formez un couple, il n'est sûrement pas classique !
- Vous ne supportez pas d'être longtemps enfermé entre quatre murs. Vous avez besoin du grand air, même poussiéreux !
- Voici deux de vos grandes qualités : la curiosité et la faculté d'adaptation à des conditions extrêmes.
- Votre appartement (ou maison) est souvent libre pendant des mois.
- L'argent ne vous intéresse pas réellement.
- Vous ne pouvez pas avoir la valeur SÉCURITÉ MATÉRIELLE ET FINANCIÈRE à côté de la valeur AVENTURE. La contre-valeur INSÉCURITÉ FINANCIÈRE ET MATÉRIELLE est en revanche très possible. Dans ce cas, votre pied-à-terre vous attend et cela vous réconforte à votre retour.
- Vous êtes un passionné.
- Vous êtes très cultivé. Tout vous intéresse.

Peu de gens ont AVENTURE comme valeur. Si vous ne vous reconnaissez pas dans ce portrait barrez cette valeur. Ce n'est pas la vôtre même si l'idée de l'aventure vous plaît bien. C'est peut-être plutôt le **refus total de ROUTINE** que vous reconnaissez dans votre vie.

AIDE AUX AUTRES, JUSTICE, UTILITÉ

AIDE AUX AUTRES

Cette valeur se trouve souvent placée parmi les cinq premières de la hiérarchie. Si cette valeur est fondamentale pour vous:

- Vous êtes destiné à devenir ou vous êtes déjà: soignant, infirmier, assistante sociale, éducateur, travailleur social, paramédical (tel que kinésithérapeute), psychothérapeute, psychiatre, psychologue, médecin, relaxologue, masseur, secouriste, pompier, écoutant bénévole, religieux et j'en oublie). En ce qui concerne la profession de médecin, la valeur sous-jacente n'est pas systématiquement AIDE AUX AUTRES, contrairement à ce que l'on pourrait croire a priori. Beaucoup d'hommes ne choisissent pas la médecine dans le dessein d'aider autrui. Des sondages effectués dans des facultés de médecine ont montré en effet qu'une majorité choisit en priorité cette profession pour le prestige et pour l'argent. En revanche, les femmes qui veulent devenir médecins semblent vraiment motivées à apporter de l'aide à autrui.
- Si vous n'avez pas embrassé l'un de ces métiers ni même entamé des études dans un de ces domaines, vous êtes **obligatoirement** engagé activement dans une ou plusieurs associations d'aide ou de secours aux autres. Il se peut que vous soyez secouriste à la Croix-Rouge ou à la Protection civile ou bien vous ayez passé un brevet de secouriste ou de maître nageur. Vous distribuez peut-être les repas dans les Restos du Cœur (en France) ou vous accueillez et soutenez les SDF (sans domicile fixe) à l'Armée du Salut ou ailleurs, bref, vous faites quelque chose! Attention, si vous êtes membre d'une association ou d'une fondation, ce n'est pas à titre passif, mais

actif. Vous ne vous contentez pas d'envoyer des chèques de soutien. Faire un don à la Croix-Rouge, à Vision Mondiale, à Médecins du Monde, à l'UNICEF, à une fondation de lutte contre le cancer, ou à une autre mission sociale ou médicale ne signifie pas que vous ayez la valeur AIDE AUX AUTRES ! On peut avoir cette habitude par notion de justice et d'équité ; aussi parce qu'on se dit que cela pourrait nous arriver un jour. On peut contribuer chaque année par culpabilité ou bonne conscience ou parce que c'est « bien pour la société »... Ne vous leurrez pas. La valeur AIDE AUX AUTRES induit nécessairement un engagement constant et dynamique dans les domaines médical, psychologique ou social.
- C'est une vocation.
- Cela peut être une mission de vie.
- Vous êtes incapable de rester les bras ballants si vous êtes témoin d'un accident, d'un malaise ou d'une détresse quelconque. S'il ne vous est pas possible d'intervenir, vous vous sentez mal pendant un bon moment !
- Vous ne pouvez pas faire autrement que d'aider les autres dès que cela vous semble utile. Ce n'est pas le besoin d'être utile qui vous motive mais la compassion. Efficace ou pas, c'est autre chose.
- Entre une profession très lucrative dans le commerce ou l'industrie et un métier en relation d'aide moins payant, vous choisissez sans hésitation le deuxième.
- Vous avez peut-être le « syndrome du sauveur » si vous êtes jeune dans le métier ou dans la pratique, et surtout si vous n'avez pas par ailleurs RESPECT DE SOI en valeur haute.

AIDE AUX AUTRES n'est absolument pas incompatible avec la valeur RESPECT DE SOI. Justement, avec cette deuxième valeur présente, vous vous protégez du syndrome du sauveur qui finirait par vous épuiser. Vous choisissez des horaires raisonnables, vous vous réservez des jours de repos, vous préservez votre vie intime et familiale, et donc votre santé !

✚ JUSTICE

La valeur JUSTICE est similaire à la valeur AIDE AUX AUTRES mais ne touche pas la misère physique ou psychologique. Elle concerne davantage le domaine social.

Si vous avez un fort besoin de JUSTICE :

- Vous ne supportez pas l'injustice et vous **agissez** de façon à rétablir l'équité.
- Vous avez choisi une **activité professionnelle, syndicale ou associative** qui combat l'injustice.
- Vous appartenez souvent à une association militante, sauf si votre profession satisfait déjà cette valeur.
- Vous êtes destiné à devenir ou vous êtes déjà : avocat, juriste, magistrat, policier, médiateur, président ou membre actif d'une association de défense des consommateurs, d'une association venant en aide aux sans-papiers ou les autres laissés-pour-compte au sein de notre société. Vous pouvez aussi être l'initiateur d'une telle association. Vous pouvez, en plus de votre métier, être par exemple délégué syndical.
- C'est une vocation.
- Vous avez besoin d'agir pour la défense des causes que vous trouvez juste.
- Vous luttez pour faire respecter l'équité et la justice. Vous soutenez et obéissez **vous-même** au principe moral du respect du droit et de l'équité. Vous êtes donc juste et vous respectez les droits de chacun.
- À la base, vous êtes impartial, même si votre cause et votre intégrité déclenchent une bataille juridique (procès, manifestations, grèves) et vous fait perdre parfois votre sang-froid.

- La quête de justice vous rend proactif et vous posez des gestes concrets pour tenter de rétablir l'équilibre. C'est quelque peu différent d'une personne qui dit ne pas supporter l'injustice mais qui ne fait rien pour améliorer la condition humaine, par exemple, en étant actif au sein d'une association. Cette personne a probablement la contre-valeur INJUSTICE, mais pas la valeur JUSTICE.

Étonnamment, le fait d'avoir la JUSTICE en valeur ne signifie pas nécessairement qu'on soit profondément honnête ni que l'on ait un code d'éthique rigoureux. En effet, une personne peut embrasser avec ferveur une cause et la défendre courageusement, non pas parce qu'elle est fidèle à cette valeur, mais plutôt en réaction à une contre-valeur, par exemple, MANQUE DE RECONNAISSANCE, d'où l'existence du binôme JUSTICE/MANQUE DE RECONNAISSANCE.

Si tel est votre cas, le fait de ne pas être pris en compte ou d'être méprisé vous met hors de vous. Votre histoire explique probablement ces réactions et je pense que vous ne mettrez pas longtemps à en retracer l'origine. Une bouffée d'émotion vous envahit alors par analogie : chaque fois qu'un individu ou un groupe (minoritaire le plus souvent) est victime de mépris et « d'oubli », vous ressentez de la détresse et de la révolte, et vous mettez cette énergie au service des autres.

Prenons un exemple. Il ne faut pas y voir un discours politique, mais plutôt un raisonnement objectif. Il est courant que des personnes bien en vue militent afin que des étrangers entrés illégalement dans un pays n'en soient pas expulsés. À bien y regarder, pourquoi serait-il « juste » et « équitable » d'accorder ce droit à des immigrants illégaux puisque, justement, ils ont contrevenu à la loi ? Ce type de militantisme donne l'impression d'un fort désir de justice. Or, par définition, la valeur JUSTICE exige le respect du droit et de l'équité, même à son détriment. L'hypothèse que certains militantismes ne soient pas motivés par la valeur JUSTICE mais par d'autres besoins ou par quelque autre contre-valeur est très plausible. À vous de réfléchir si vous avez coché la JUSTICE et que vous n'êtes pas un professionnel dans ce domaine.

UTILITÉ

Le malheur des dépressifs est qu'ils se sentent inutiles et ne trouvent pas de sens à leur existence. Se sentir inutile pour la société ou pour autrui rend probablement déprimé, mais cela ne justifie pas que chaque individu doive absolument être constamment utile ! Or, érigé au rang de valeur, le *besoin d'être utile* n'est pas ordinaire. Voyez plutôt :

- Vous êtes très actif.
- Vous ne faites rien qui, à vos yeux, ne soit pas utile.
- Vous êtes spontanément très serviable.
- Vous êtes ce qu'on appelle un « vrai gentil ».
- Vous êtes débrouillard voire bricoleur.
- Vous êtes pragmatique.
- En général, vous êtes efficace.
- Vous vous précipitez pour aider une personne, même un inconnu, afin de lui faciliter la tâche. Par exemple, vous portez spontanément une valise dans des escaliers, vous dirigez un automobiliste dans une manœuvre délicate, vous poussez une voiture en panne, etc.
- Vous vérifiez et demandez souvent en quoi vous pouvez « être utile ». C'est d'ailleurs votre expression (« Qu'est-ce que je peux faire ? »).
- Vous êtes multitâches. La valeur UTILITÉ est différente d'AIDE AUX AUTRES, qui touche l'aspect médical, psychologique ou social à long terme.
- Toutes les façons d'aider vous conviennent.
- Vous êtes reconnaissant aux personnes (voisins, amis, famille, conjoint) qui vous demandent un coup de main.

- Cela ne vous dérange pas qu'on vous demande de l'aide. Vous êtes ennuyé seulement lorsque les demandes se bousculent toutes le même jour et à la même heure !
- Vous avez du mal à dire non. Vous dites aimer rendre service. C'est vrai.
- Lors d'un voyage organisé, vous êtes enclin à donner un coup de main aux organisateurs ou aux animateurs.
- Le pouvoir et le contrôle ne vous intéressent pas.
- Dans certains cas, vous êtes étonné par l'inertie et le manque d'attention (ou l'indifférence ?) des autres envers leurs semblables.
- Si vous mettez la main à la pâte spontanément, ce n'est pas pour montrer aux autres leur incompétence ou leur manque d'efficacité. Vous avez sans cesse besoin de poser des gestes utiles. Il n'y a pas de message caché dans vos actions. Malheureusement, certaines personnes ne le comprennent pas ainsi et ont parfois l'impression que vous êtes quelque peu intrusif.

RÉALISATION PROFESSIONNELLE, RECONNAISSANCE SOCIALE

RÉALISATION PROFESSIONNELLE

Se réaliser sur le plan professionnel est le souhait d'un grand nombre d'entre nous, mais en faire sa raison de vivre, c'est autre chose ! Voyez plutôt :

- Vous avez des objectifs professionnels importants à vos yeux.
- Vous consacrez énormément de temps au travail.
- Vous êtes assez ambitieux.
- Vous prenez peu de vacances.
- Vous n'êtes pas riche pour autant !
- Vous évaluez votre valeur personnelle en fonction de vos réalisations professionnelles.
- Votre profession est vitale à vos yeux, plus que votre famille (ce que vous ne vous avouez pas)... si vous avez réussi à en fonder une, bien sûr !
- Votre famille ne vous voit pas beaucoup.
- Vous aimez votre conjoint et vos enfants mais dans les faits, vous ne vous en occupez pas suffisamment.
- Si vous avez une famille, elle a intérêt à s'organiser sans vous !
- Vos amis ne vous voient pas beaucoup non plus.
- Vos coups de téléphone pour donner de vos nouvelles sont brefs.
- Malgré votre force de travail, vous ne réussissez pas nécessairement ce que vous entreprenez professionnellement. Cela dépend de vos autres valeurs et de vos autres qualités. Si vous avez en plus les valeurs EFFICACITÉ et RÉUSSITE, vous allez réussir. Mais si, en général, vous faites de la procrastination (vous remettez tout au lendemain et vous faites les choses au dernier moment sous la pression ; sans compter que vous êtes en retard

à la plupart de vos rendez-vous), vous ressemblez au hamster qui tourne sa roue indéfiniment sans aller nulle part !
- Vous pouvez avoir ACCOMPLISSEMENT en valeur de renfort.
- Vous êtes candidat au *burnout*, c'est-à-dire à l'épuisement. Attention, car en cas d'échec professionnel important, un licenciement abusif, par exemple, vous risquez la dépression.
- Vous pouvez prendre conscience, au mitan de votre vie, que vous gagnez votre vie à la perdre.

+ RECONNAISSANCE SOCIALE

Il est important de ne pas confondre la valeur RECONNAISSANCE SOCIALE et le désir d'être reconnu que chacun ressent naturellement. Il est tout à fait normal que chaque humain grandisse, nourri par la certitude que ses congénères, à commencer par ses propres parents, lui reconnaissent une existence propre. Espérer être admis dans la société des humains est donc légitime et ne constitue pas en soi une valeur individuelle. La valeur RECONNAISSANCE SOCIALE se définit plutôt comme suit :

- Vous vivez dans le but secret d'être reconnu par la société ou par un groupe. Par exemple, vous désirez faire partie de l'univers des riches, des gens instruits, des gens célèbres, des grands entrepreneurs, des aristocrates, de la *jet-set*, des scientifiques, des intellectuels, des gens de pouvoir, des diplômés, etc.
- Vous avez besoin de montrer que vous avez réussi au sein de l'un de ces sous-groupes ou de la société en général. Ce n'est pas seulement dans le but de vous faire accepter par la société (ou par une microsociété qui vous attire), mais également de vous reconnaître vous-même comme quelqu'un d'important et qui a de la valeur.
- Vous ne criez pas votre besoin de reconnaissance sociale sur tous les toits !

- Secrètement, vous pensez que votre condition originelle est moyenne ou médiocre et que vous méritez tout de même le respect de ceux que vous admirez.
- Secrètement, vous voulez être reconnu comme faisant partie intégrante de la société ou du groupe élitiste que vous convoitez.
- Vous appréciez grandement qu'on vous introduise dans un clan.
- Vos comportements vont s'adapter.
- Vos goûts vestimentaires vont s'adapter.
- Vos habitudes d'achat et de consommation vont ressembler également à celles du groupe social en question.
- Vous adoptez de nouveaux codes sociaux.
- Vous êtes dans le contrôle.
- Vous pouvez vous installer ou vous marier avec un conjoint qui représente un bon ancrage dans la société ou la microsociété dont vous désirez faire partie.
- Vous entreprenez des études ou exercez une profession différente de celle de votre famille d'origine. Par exemple, vous étudiez en pharmacie alors que vos parents auraient espéré que vous repreniez leur ferme d'élevage ou leur petit commerce en campagne.
- Vous n'êtes plus tellement vous-même lorsque vous participez à un événement mondain. Vous êtes en représentation. Cela vous est égal.
- Vous craignez l'exclusion et le rejet de cette microsociété dont vous désirez faire partie.
- Votre quête ne vous dirige pas vers la médiocrité mais toujours, au contraire, vers ce que vous considérez comme supérieur à votre statut d'origine.

EFFICACITÉ, ACCOMPLISSEMENT, RÉUSSITE, CONTRÔLE

+ EFFICACITÉ

L'efficacité est une qualité que partagent de très nombreuses personnes. Or, élevée au rang de valeur, elle est redoutable… d'efficacité !

- Vous êtes obsédé par l'efficacité en tout et en tout temps : quand vous lisez, écrivez, écoutez, marchez, mangez, etc.
- Tout ce que vous faites **doit** être efficace.
- Vous réussissez à réaliser vos projets et vos objectifs dans un temps limité et raisonnable.
- Vous êtes très fier de votre façon de fonctionner, car les preuves de réussite à conduire vos actions et vos projets sont quasi constantes.
- Ce besoin d'être efficace pour tout et n'importe quoi ne vous demande aucun effort. Il est totalement naturel et évident pour vous de réfléchir afin d'obtenir le meilleur rendement possible.
- Vous êtes superbement organisé.
- Vous savez où vous mettez les choses : aussi bien des dossiers que les ciseaux, le plat dont vous ne vous servez jamais, vos livres. Chaque objet tient une place logique et utile. Même aveugle, vous seriez capable de retrouver vos choses !
- Vous ne vous adonnez pas à la procrastination. Tout est fait en temps et lieu ; vous ne voulez pas vous encombrer l'esprit et avoir à y penser plus tard. La procrastination consiste à repousser ses tâches au lendemain, à être pratiquement toujours en retard et à ne s'atteler à certaines tâches qu'au dernier moment et sous la pression de l'échéance. La procrastination est un saboteur de l'efficacité.

- Il arrive souvent que vous vous occupiez de plusieurs choses à la fois.
- Il vous arrive très rarement d'avoir des oublis. Vous faites en sorte que cela ne vous arrive pas (exemple : vous notez tout).
- En cas de perte de mémoire liée à une maladie comme la dépression, vous observez une baisse d'efficacité et cela vous contrarie beaucoup.
- Vous avez une logique redoutable.
- Vous anticipez naturellement les étapes d'une action ou d'une mission afin de rassembler le bon matériel et de ne rien oublier.
- Si vous vous déplacez à la poste, vous organisez votre trajet de façon à passer à la pharmacie chercher un antimoustiques pour vos vacances qui auront lieu dans trois semaines, à la pâtisserie pour choisir et commander un gâteau d'anniversaire, et enfin au kiosque à journaux pour acheter un magazine. À vos yeux, se déplacer quatre fois constituerait un symptôme de la maladie d'Alzheimer !
- Vous êtes fiable et tout votre entourage le sait.
- Les gens qui brassent du vent et se montrent inefficaces vous irritent et vous rendent intolérant.
- Vous abandonnez rapidement un traitement (par exemple, un médicament) qui ne donne pas l'effet escompté pour en rechercher un autre plus efficace.
- Vous détestez les réunions professionnelles qui n'aboutissent pas à des actions concrètes.
- Vous évaluez les résultats de votre travail, de vos actions mais aussi celles des autres, de votre compagnie, du gouvernement, etc.
- Vous n'êtes pas réfractaire aux chiffres qui permettent de faire des bilans irréfutables, ce qui n'empêche pas que vous puissiez être « incapable » de retenir les numéros de téléphone ! (S'ils sont enregistrés ou écrits quelque part, pourquoi les retenir ?).
- Vous n'appréciez pas les pertes de temps.

Si vous avez la valeur EFFICACITÉ en haut de votre hiérarchie, toutes les caractéristiques précédentes vous correspondent sûrement et vous feront probablement sourire. En effet, votre comportement est beaucoup plus caricatural que s'il s'agissait d'une simple qualité. Érigée au titre de valeur, l'EFFICACITÉ est pratiquement une obsession sans que, étonnamment, cela vous rende anxieux au quotidien. Par contre, l'inefficacité vous irrite et vous met en colère, car cela donne lieu à des situations stupides qui auraient pu être évitées.

L'efficacité se concrétise dans une action qui aboutit à des résultats utiles. Cela peut se produire à l'occasion et, dans ce cas, « être efficace » est une qualité plutôt qu'une valeur. En revanche, quand il s'agit d'un besoin, d'une façon systématique de fonctionner et que cette exigence s'applique à toutes vos actions, il s'agit d'une valeur.

Il est très fréquent que les personnes qui ont l'EFFICACITÉ parmi leurs valeurs prioritaires ont également PERTE DE TEMPS en contre-valeur. La plupart d'entre elles, efficaces par « nature », *détestent* perdre du temps.

➕ ACCOMPLISSEMENT

Cette valeur peut être confondue avec « s'accomplir » c'est-à-dire *se réaliser.* Ce n'est pas le cas ici. Accomplir implique une **action** et l'accomplissement est en fait le **résultat de l'action**.

Si vous avez la valeur ACCOMPLISSEMENT :

- Votre leitmotiv est : « Il faut que je finisse ! »
- Vous avez la notion de « mission accomplie ».
- Vous avez toujours besoin d'achever votre tâche ou de mener votre action jusqu'au bout. Pourquoi ? Pour ressentir l'immense satisfaction, le plaisir, voire la fierté d'avoir terminé quelque chose !

- Vous finissez votre travail, votre liste de tâches, votre rangement par séries, votre assiette (même sans avoir faim), votre jeu (Scrabble, mots croisés, Sudoku, cartes), le chapitre de votre livre, même si vous êtes fatigué !
- Vous évaluez bien la durée des tâches.
- Vous ne faites que des listes raisonnables, journalières ou hebdomadaires, afin d'avoir le plaisir de constater que tout est fait comme prévu.
- Vous ne vous adonnez pas à la procrastination.
- Vous ne respectez vos engagements que si cela vous plaît. Malgré une forte résistance, vous êtes capable d'abandonner une tâche, une formation, une lecture qui vous ennuie, parce que cela ne vous apporte pas ce que vous espériez. Votre tendance à persévérer dans une activité qui ne vous plaît pas ou plus du tout peut être attribuable à votre valeur ACCOMPLISSEMENT, certes, mais peut-être aussi à une croyance du type : « Quand on commence quelque chose, on va jusqu'au bout ! » À vous de voir ce qui se joue à ce moment-là.
- Vous êtes fiable.
- Vous êtes travailleur par « obligation ». Ce fort désir d'accomplir est davantage votre moteur que le réel désir de travailler sans relâche.
- Votre grand plaisir n'est pas tant de **faire** que **d'avoir conclu** une action sur de bons résultats. Vous adorez clore des dossiers et terminer vos missions !

+ RÉUSSITE (ou RÉUSSIR)

Attention, ce n'est pas parce que la plupart d'entre nous disent avoir envie de réussir (certains parlent même de vouloir « *réussir* » l'éducation de leurs enfants) qu'ils sont imbibés de cette valeur ! La valeur RÉUSSIR est une force, une énergie, une détermination qui ne laisse personne ni aucun événement entraver l'ambition.

Réussir à éduquer ses enfants n'est en rien un élément stéréotypé et suffisant pour représenter cette valeur.

Si vous avez vraiment RÉUSSITE en valeur :

- Vous avez l'intime conviction que vous réussissez.
- Vous vous développez bien.
- Vous avez le sentiment de mériter le succès pour vos projets et vos aspirations.
- Vous réalisez vos ambitions.
- Vous êtes toujours très content, satisfait et fier de réussir. Vous n'en éprouvez pas de culpabilité ni de honte, sauf si votre famille est gênée par la réussite en général.
- Vous savez prendre des risques. Vous les calculez.
- Vous êtes très responsable.
- Vous vous attribuez les succès, les erreurs et les échecs plutôt que d'accuser des éléments extérieurs tels que la société, la conjoncture, les taux d'intérêt, le racisme, le sexisme, etc.
- En cas d'échec, vous rebondissez. Vous conservez suffisamment d'optimisme et de confiance en vous pour vous remettre sur vos pattes !
- Vous agissez afin de réussir. Non seulement vous faites les efforts requis mais vous ne vous sabotez pas.
- Vous êtes déterminé.
- Vous avez votre propre évaluation de la réussite. Il faut savoir que cette évaluation change selon l'âge et les expériences de vie, mais aussi selon la hiérarchisation mouvante de ses valeurs. La réussite peut consister à acquérir l'autonomie financière en travaillant, à quitter ses parents pour vivre enfin seul, à s'acheter un appartement, à gagner de l'argent, à avoir du prestige par son statut socioprofessionnel, à obtenir la reconnaissance sociale ou professionnelle, etc. Pour d'autres, plus rares, c'est d'avoir pu rester totalement libres, même en vivant dans une cabane à la campagne avec peu d'argent. Celui qui détient la valeur prioritaire LIBERTÉ est plutôt proche de ce dernier cas.

- Vous vous entourez de gens qui réussissent aussi dans leur domaine ou à leur niveau. Selon vous, c'est une question de mentalité.
- Vous faites ce qu'il faut pour réussir et vous n'éprouvez pas de culpabilité vis-à-vis de ceux qui n'en font pas autant.
- Vous vous éloignez des gens qui sont défaitistes et qui se complaisent dans une situation médiocre tout en s'en plaignant.
- Vous êtes autonome au minimum dans votre travail et dans votre vie en général.
- Vous avez peut-être MANQUE DE CONTRÔLE en contre-valeur.
- Même si vous faites parfois preuve de procrastination pour des tâches qui ne vous intéressent pas, ce comportement ne vous caractérise pas. En effet, il est tout à fait normal et logique que vous repoussiez des tâches ménagères et accessoires (comme le repassage), synonymes de corvées à vos yeux, puisqu'elles ne peuvent satisfaire vos missions et vos objectifs plus larges et plus intéressants.
- Vous recherchez ou acceptez les conseils de personnes crédibles à vos yeux et qui réussissent leur vie. Si ces conseils semblent appropriés et efficaces, vous les appliquez sans vérifier si vous allez à l'échec ou si vous rencontrerez les difficultés anticipées.

La valeur RÉUSSITE est à la fois un état et une dynamique. La réussite se construit étape par étape. Nous pourrions légitimement penser qu'elle n'est atteinte qu'à un certain âge. Or il existe des jeunes gens qui ont déjà la valeur RÉUSSITE.

C'est le cas d'Élodie, âgée de 20 ans. Elle s'est démenée pour réussir sa scolarité sans redoubler une seule fois. Issue d'un milieu défavorisé, elle n'a pas reçu de soutien financier de la part de ses parents pour intégrer une école de décoration intérieure. Or, elle rêve de devenir architecte d'intérieur depuis son enfance. Elle a aménagé sa chambre et celles de ses frères d'une façon recherchée et originale. Elle a toujours dessiné, peint et fait des montages de toutes sortes. Depuis son enfance, tout le monde lui reconnaît un talent indéniable.

Dès l'âge de 16 ans, elle a osé réclamer d'être embauchée gratuitement l'été sur des chantiers afin d'être initiée au savoir-faire de professionnels de sa région. Elle a essuyé plus de refus qu'elle n'imaginait, mais elle a réussi à convaincre quelques artisans réputés de son sérieux et de sa discrétion.

Actuellement, elle travaille depuis deux ans chez un architecte et elle a pour tâche de faire des suggestions d'aménagements intérieurs originaux pour les clients. Elle a obtenu plusieurs contrats et a fait des merveilles ! Sa grande motivation et sa puissance de travail (elle ne compte pas ses heures) ont fait d'elle, malgré son jeune âge, une artiste appréciée autant par son employeur que par les clients. Elle vient d'ailleurs de recevoir une belle prime, au-delà même de ses attentes. Malgré l'absence de diplôme, elle assume son besoin de réussir dans ce qui la passionne et ose aller de l'avant. Nul doute qu'elle va réussir.

Si nous analysons le cas d'une jeune personne qui a la valeur RÉUSSITE, son intérêt est de ne pas se lancer dans une voie qui ne lui correspond pas ni dans un domaine totalement inconnu et risqué. Au début de sa carrière, elle commence par prendre peu de risques puis augmente progressivement l'envergure de ses défis. Celui qui a la valeur RÉUSSITE va toujours utiliser ses atouts, ses compétences, ses connaissances et son potentiel pour bien démarrer dans sa vie d'adulte. C'est une totale évidence et c'est ce qui s'appelle ne pas prendre de risques inutiles qui font augmenter le taux d'échec.

Si vous ne vous reconnaissez pas dans cette détermination et dans cette façon particulière de penser, associée à la valeur RÉUSSITE, il se peut qu'en fait ce soit la crainte de l'ÉCHEC qui vous habite. La crainte de l'échec est partagée par des milliards d'individus sur cette terre. Il ne s'agit pas nécessairement d'une contre-valeur. Ainsi, à la lecture du chapitre sur les contre-valeurs, vous découvrirez si la peur de l'échec est oui ou non une aversion totale, et si on peut alors placer l'ÉCHEC en contre-valeur pour vous.

✚ CONTRÔLE

Cette valeur se marque par le besoin irrépressible de maîtriser tout ce qui touche à sa propre vie mais aussi à celle de ses proches et plus encore.

- Vous ne pouvez pas vous empêcher de vérifier que les autres font correctement leurs tâches. Par exemple :
  - Vous vous assurez très régulièrement que vos employés ou vos collaborateurs respectent bien les étapes de leur travail.
  - Vous êtes présent lorsque le plombier effectue une réparation sous l'évier.
  - Vous vérifiez toujours soigneusement vos billets de train ou d'avion.
  - Vous anticipez les itinéraires, les visites prévues et les étapes d'un voyage (même pris en charge par un organisme) juste pour « savoir ».
- Vous inspectez rapidement les notes d'hôtel ou de restaurant.
- Vous contrôlez votre propre travail.
- Vous préférez faire les tâches ménagères vous-même, convaincu que personne ne peut le faire mieux que vous.
- Vous aimez inspecter attentivement quelqu'un ou quelque chose.
- Vous ne déléguez pas, donc vous faites beaucoup de choses vous-même.
- Vous critiquez très rapidement une personne qui s'y prend mal dans une tâche. Cela vous donne envie de la faire à sa place.
- Vous harassez votre entourage qui vous répond parfois : « Je connais mon travail ! » ou « Laisse-moi faire ! ».
- Vous supportez très mal les imprévus. Vous pouvez réagir agressivement dans un premier temps puis, dans un deuxième temps, vous reprenez la situation en main, même si cette responsabilité ne vous incombe pas.
- L'incompétence des autres vous excède.

- Vous êtes rigoureux et fiable quand vous vous engagez à organiser quelque chose.
- Vous restez maître de l'expression de vos sentiments pour les adapter sans effort à la situation.
- Il se peut qu'en amour, l'orgasme soit difficile à atteindre ou à vivre intensément (plutôt pour une femme).

Si cette description ne vous ressemble pas tout à fait, mais que vous avez coché CONTRÔLE et/ou MANQUE DE CONTRÔLE, voyez comment se manifeste le MANQUE DE CONTRÔLE dans le chapitre consacré aux contre-valeurs.

HONNÊTETÉ, AUTHENTICITÉ, INTÉGRITÉ, FIDÉLITÉ, LOYAUTÉ

HONNÊTETÉ

Le mot «honnêteté» vient du latin *honestus* qui signifie «honorable». L'honnêteté est la qualité d'une personne qui se conforme aux règles de la morale, de la probité, de la loyauté.

La définition officielle du dictionnaire décrit une qualité. Quand il s'agit d'une valeur, cette qualité se manifeste de façon absolument constante. Cela lui donne un caractère excessif, voire obsessionnel. Ces derniers qualificatifs ne sont pas des jugements de valeur mais expriment seulement l'intensité de la détermination de la personne à rester honnête dans tous les cas.

Si vous avez inscrit HONNÊTETÉ dans la liste de vos valeurs :

- Vous ne volez pas.
- Vous rendez la monnaie indûment versée.
- Vous ne gardez aucun objet de valeur trouvé dans un endroit public si vous pensez qu'on peut retrouver le propriétaire (gourmette, bijoux, billet, portefeuille, parapluie, magazine neuf).
- Vous ne trichez jamais.
- Vous ne fraudez pas le fisc. Vous déclarez tout ce que vous gagnez.
- Vous êtes très juste dans vos calculs et votre comptabilité, même si vous savez qu'on ne vous contrôle pas.
- Si vous êtes un salarié, vous êtes très fiable à ce niveau.
- On peut totalement vous faire confiance si votre métier vous amène à brasser de l'argent ou à connaître des codes de cartes de crédit ou de comptes bancaires.

- Vous ne tardez jamais à rembourser l'argent emprunté ou à remettre un livre, un DVD ou tout autre objet qu'on vous prête. Si vous tardez, c'est que vous l'utilisez encore.
- On n'a pas besoin de vous réclamer ce que vous devez.
- Si vous cassez un objet qui n'est pas à vous, vous le remplacez ou vous le payez (et vous insistez pour le faire).
- Vous êtes droit dans vos rapports avec l'argent ou la valeur des services. Vous ne cherchez pas à pinailler face à un devis raisonnable (pour des travaux par exemple).
- Vous pouvez être destiné à des métiers comme douanier, comptable, gérant, financier, juriste, contrôleur fiscal, secrétaire, aide à domicile, employé de banque, agent de sécurité, etc.

Si vous ne vous reconnaissez pas intégralement dans ce profil, mais en grande partie tout de même, vous avez certainement l'HONNÊTETÉ en *qualité*, mais pas en *valeur*.

+ AUTHENTICITÉ

Être profondément authentique, c'est être vrai, avec les avantages et les inconvénients que cela comporte. Si vous avez la valeur AUTHENTICITÉ :

- Vous ne craignez pas les critiques ou le jugement d'autrui.
- Il ne fait aucun doute que vous vous affirmez. Vous exprimez simplement vos demandes, vos besoins, vos opinions et vos sentiments. Vos refus sont clairs, afin de ne pas avoir à vous contorsionner pour mentir. Vous dites promptement ce qui ne vous convient pas afin de trouver des solutions.
- Vous n'êtes pas timide.
- Vous êtes vrai.
- Vous êtes totalement sincère.

- Vous êtes spontané (trop parfois. C'est l'inconvénient de cette valeur).
- Vous n'êtes pas nécessairement diplomate mais vous pouvez avoir appris à l'être.
- Vous ne mentez pas. Vous ne dissimulez pas, sauf en vous faisant violence et seulement dans des situations très particulières.
- Vous racontez facilement votre vie.
- Vous exprimez vos émotions et vos sentiments sans crainte ni calcul.
- Vous n'êtes pas spontanément stratégique.
- Vous avez un côté « naïf » dû à votre spontanéité.
- Vous n'avez pas REJET, EXCLUSION ou CONFLIT en contre-valeur. En effet, celui qui ne supporte pas l'idée d'être rejeté en étant lui-même ne peut pas être authentique. Lorsqu'on vous rejette ou que l'on ne vous aime pas, cela vous agace plus que cela ne vous attriste, car vous trouvez cela injuste. Vous vous sentez alors mal compris.

+ INTÉGRITÉ

Cette valeur, en lien direct avec l'éthique, est marquée par une très grande exigence de cohérence entre ses intentions, ses opinions, son éthique, ses croyances, ses attitudes et son mode de vie. Cette valeur n'est pas « négociable ». Elle est donc très haute dans la hiérarchie si elle est présente chez vous. Retournez au tableau de la page 37 pour vérifier si vous l'avez cochée et voyez quelle note vous lui avez donnée.

- Vous n'êtes pas corruptible. Même avec un million de dollars sur la table !
- Vous êtes cohérent avec le principe éthique ou moral que vous avez embrassé dans votre mode de vie, vos attitudes et vos comportements.

- Vous refusez de répondre à un ordre ou à une consigne contraire à l'éthique ou à vos opinions. Si vous n'êtes pas capable d'exprimer clairement ce refus, vous essayez de contourner la situation ou vous évitez la personne qui fait pression sur vous.
- Vous ne dérogez pas à votre code moral.
- Vous êtes profondément déterminé à soutenir l'ensemble des règles éthiques du respect. Cela se voit davantage dans vos attitudes de tous les jours que dans de longs discours.
- Vos bénéfices personnels passent après une cause juste et humanitaire.
- Vous êtes honnête.
- Vous n'êtes pas obligatoirement authentique (c'est-à-dire affirmé et spontané).
- Vous pouvez même être timide tout en ayant cette valeur.
- On peut vous faire confiance aveuglément.
- Vous êtes capable de dénoncer un criminel **si on vous interroge,** et même si celui-ci fait malheureusement partie de votre famille. Vous ne pouvez pas être loyal à un seul individu, même aimé, si vous êtes en priorité loyal à la cause humaine en général.
- Vous êtes quasi incapable de mentir (sauf dans des cas très particuliers et pour satisfaire un but moral positif).
- Vous êtes déterminé et vous tenez mordicus à vos convictions.
- Vous ne supportez pas la supercherie ou la moindre escroquerie, même si vous n'en êtes pas personnellement victime.
- Vous avez un sens profond de la justice (pas nécessairement dans le sens judiciaire du terme).
- Vous savez faire face aux conflits.

+ FIDÉLITÉ

La FIDÉLITÉ, comme valeur, ne se limite pas à la fidélité entre conjoints. Il s'agit d'un principe de vie qui s'applique à tous les domaines affectifs, pas seulement amoureux. Si vous avez cette valeur :

- Vous êtes **constant** dans vos relations.
- Vous êtes constant dans votre attachement. Celui-ci est forcément **durable** dans votre esprit.
- Vous êtes sur un plan d'égalité avec ceux à qui vous êtes fidèle (contrairement au loyalisme).
- Vous ne trompez ou n'avez jamais trompé votre conjoint ; sauf en chevauchement temporaire avec un nouvel amoureux, si vous avez par ailleurs la valeur SÉCURITÉ AFFECTIVE.
- Vous gardez le contact avec vos relations amicales vieilles de 15 ou 40 ans.
- Vous ne quittez pas facilement ceux que vous aimez.
- Vous êtes fidèle à vos employeurs ou vos employés, même si la relation n'est pas excellente.
- La fidélité est une question d'honneur pour vous. Vous en êtes fier.
- Votre fidélité vous rassure.
- Vous avez le même médecin, le même pharmacien, le même garagiste, la même agence de voyages, vous allez chez les mêmes commerçants et vous utilisez les mêmes services depuis de longues années. Si vous n'êtes plus satisfait de leurs services, vous leur faites savoir afin qu'ils remédient à la situation et ne vous obligent pas à changer de « crémerie ». Si le problème ne se règle pas, vous êtes capable de ne plus y retourner, mais vous deviendrez fidèle à un autre commerçant ou à un autre professionnel.

+ LOYAUTÉ (LOYALISME)

Vous avez peut-être coché LOYAUTÉ ou FIDÉLITÉ dans vos 15 premières valeurs. Tout d'abord, il me semble important de rappeler certaines définitions, car j'ai remarqué une certaine confusion entre LOYALISME, LOYAUTÉ et FIDÉLITÉ.

Qu'est-ce que le loyalisme ? D'après le dictionnaire, c'est la fidélité au régime établi ou à une autorité considérée comme légitime.

Qu'est-ce que la loyauté ? C'est le caractère loyal de quelqu'un, de quelque chose. Quand vous êtes loyal, vous obéissez aux lois de l'honneur, de la probité et de la droiture. Il s'agit donc de la définition de l'adjectif et donc d'une qualité (être loyal).

La LOYAUTÉ est peut-être érigée au rang de valeur pour certains d'entre vous. Si tel est le cas, il arrive souvent que vous n'en soyez pas pleinement conscient. Il est vrai que la plupart d'entre nous souhaitent profondément garder l'illusion d'une totale liberté d'action et de pensée. Or, nous verrons, avec ce qui suit, que cette valeur, lorsqu'elle est profondément ancrée chez quelqu'un, limite sa liberté beaucoup plus qu'on ne peut l'imaginer. C'est un des thèmes où il faut être particulièrement honnête avec soi-même.

Si vous avez LOYAUTÉ en valeur, comment cela se manifeste-t-il ?

- Vous faites confiance aux personnes que vous admirez (à cause de leur titre, de leur statut ou de leur rang social, par exemple).
- Si leur philosophie, leur rhétorique ou leur logique fait sens à vos yeux, vous êtes séduit et convaincu.
- Vous admirez facilement ceux et ce qui vous convainc. Cela peut être une personne (un homme politique, votre psy, un éducateur) mais aussi ceux qui transmettent une pensée ou une idéologie, à travers la Bible, par exemple.
- Vous cherchez à croire en quelqu'un ou en quelque chose. Cela vous fait du bien. Cela donne un sens à votre vie.
- En étant loyal à un grand homme ou à une idée partagée par d'autres, vous avez le sentiment d'appartenir à une famille (ou à une élite).
- Vous croyez dans un premier temps adhérer à des opinions, un contenu alors que vous recherchez l'attachement à un « guide » ou un regroupement. Vous pouvez être loyal à une religion, à une démarche spirituelle, à votre corps d'armée, à un thérapeute, à une voyante, à votre ami d'enfance, à un professeur, à un groupe élitiste, à une société secrète, etc.

- Vous éprouvez une peine immense à vous séparer de cette personne, de cette démarche ou de ce groupe. Il existe quelques exemples courants : le cadre communiste qui, après 40 ans de militantisme, ne peut que persister dans sa croyance utopique par loyauté, mais aussi parce qu'il se dit qu'il n'a pas pu se tromper si longtemps. Autre exemple : la grande difficulté qu'ont certains clients d'interrompre leur psychanalyse ou d'arrêter leurs rendez-vous hebdomadaires (voire bihebdomadaires) même quand ils affirment « tourner en rond ».
- Vous restez fidèle à votre médecin généraliste, à votre pharmacien, à votre thérapeute, à votre mécanicien, sans même avoir comparé les services concurrents. Lorsque le service n'est plus de bonne qualité, vous y avez tout de même recours, sous prétexte que ça fait 15 ou 20 ans que vous êtes son client !
- Vous appréciez être « guidé » par un homme (ou une femme) reconnu par d'autres comme « quelqu'un qui sait ». Vous pouvez avoir volontairement choisi de consulter quelqu'un qui a une bonne renommée et qui est souvent invité par les médias. S'il n'est pas finalement aussi compétent qu'on le dit, vous ne le percevez pas clairement, trop tendu vers votre besoin d'exprimer votre gratitude, par loyauté. Cette loyauté peut se manifester vis-à-vis de la personne qui vous a donné les coordonnées du « professionnel » mais aussi envers le « professionnel » lui-même.
- Vous êtes sensible au bien que l'on vous fait (une aide initiale par exemple) et vous êtes reconnaissant indéfiniment envers cette personne.

Attention, cette valeur vous rend vulnérable à la manipulation ou à des groupes sectaires, quels qu'ils soient. Sans le savoir, vous êtes un excellent candidat au lavage de cerveau. Bien sûr, vous n'allez pas facilement vous l'avouer. Vous pouvez rester ainsi loyal à très long terme à quelqu'un ou à quelque chose, alors qu'il n'y a aucune amélioration tangible dans votre vie (ou de votre santé).

Une personne loyale à une autre, à une cause ou à un groupe n'est pas nécessairement honnête, authentique ou intègre. Prenons l'exemple du milieu mafieux. La première qualité que l'on exige est la loyauté aux règles et aux rites établis par le chef. Il va de soi que des valeurs comme l'HONNÊTETÉ, l'AUTHENTICITÉ et l'INTÉGRITÉ sont incompatibles avec l'incorporation dans un milieu terroriste, mafieux ou même dans une bande de voyous. Il en est de même pour de nombreuses factions armées dans le monde qui recherchent l'indépendance et le pouvoir. Dans les pays qui ont imposé l'idéologie communiste, les preuves de loyauté à la cause étaient exigées par la dénonciation des « traîtres » (non loyaux donc) sous la menace. Le LOYALISME se relie davantage à la FIDÉLITÉ qu'à L'HONNÊTETÉ et L'INTÉGRITÉ. Cependant, il se peut qu'une personne authentique soit loyale envers une cause ou envers autrui. Si la valeur LOYALISME dépasse dans la hiérarchie la valeur AUTHENTICITÉ, une personne est tout à fait capable de mentir ou de déroger aux règles et traditions de la société mais pas à la personne ou au groupement auquel elle se dévoue.

Êtes-vous réellement enclin à vous donner corps et âme à une personne ou à une cause, ou bien restez-vous fidèle afin de repousser l'échéance d'une rupture insupportable pour vous ? Dans ce dernier cas, c'est que vous avez peut-être la contre-valeur RUPTURE. Allez lire la description de cette contre-valeur afin de vous éclairer.

RESPECT DES AUTRES, RESPECT DE SOI, RESPECT

Le mot «respect» vient du latin *respectus*, qui signifie «égard». D'après le dictionnaire, c'est un sentiment qui porte à traiter quelqu'un, quelque chose avec de grands égards, à ne pas porter atteinte à quelque chose.

RESPECT DES AUTRES

Érigé au statut de valeur, le RESPECT DES AUTRES va bien au-delà de la politesse et de la bienséance, des qualités que la plupart d'entre nous avons acquises au cours de notre éducation. Nous décrivons ici les caractéristiques de la personne qui a la valeur RESPECT DES AUTRES:

- Votre mode de vie tourne autour des besoins des autres.
- Vous n'avez pas assez d'amour pour vous-même.
- Vous pensez que les autres sont plus importants que vous, qu'ils sont mieux et qu'ils méritent donc plus d'égards.
- Vous êtes tourmenté à l'idée de déplaire et toute votre énergie va à la satisfaction des besoins et des souhaits des autres.
- Vous avez du mal à recevoir des compliments, des cadeaux et des gratifications. Vous minimisez l'importance de ce que vous êtes ou de ce que vous avez fait. Selon vous, ce que vous donnez de vous est «normal» et il n'est pas naturel pour vous de remercier pour un compliment qu'on vous fait.
- Vous ne vous attendez pas à recevoir des marques de respect de la part des autres. Lorsque cela arrive, vous êtes gêné et confus. Vous pensez ne pas mériter tous ces égards.
- Au sein d'un groupe, vous laissez trop souvent les autres intervenir avant vous.
- Vous êtes du genre à ne pas passer d'emblée quand on vous ouvre la porte d'une salle de réunion ou d'un restaurant, par exemple.

Vous voulez faire passer l'autre d'abord. Cela donne lieu à des situations cocasses du genre : « Je vous en prie, allez-y ! » ; « Mais non, je vous en prie, passez ! » ; « Mais non, allez-y ! »

- Vous n'êtes pas encore affirmé : vous craignez d'exprimer vos besoins, vos demandes, vos refus et vos griefs afin de ne pas troubler, déranger ou peiner l'autre. Cela ne vous empêche pas d'utiliser un langage non verbal, par exemple, faire la tête quand vous êtes frustré !
- Vous êtes embarrassé lorsque vous entendez des personnes critiquer les autres.
- Il ne s'agit pas nécessairement d'une combinaison avec la valeur AIDE AUX AUTRES.

Il n'est point besoin d'une longue description pour se rendre compte que la valeur RESPECT DES AUTRES, si elle est placée trop haut dans votre hiérarchie, devient un obstacle à l'épanouissement. L'inconvénient de vivre selon les attentes des autres est de finir par éprouver une telle frustration qu'elle finit soit par se retourner contre vous-même (sentiment de culpabilité, rage envers soi, maladies fréquentes ou chroniques plus ou moins graves), soit par engendrer des sentiments de rancœur et donc d'agressivité envers ses proches. Cela, sans même que l'on s'en rende compte, du moins au début.

Les femmes au foyer, souvent seules et autonomes pendant la journée, vivent le paradoxe de ne pas assez s'occuper d'elles. C'est comme si le fait de ne pas travailler devait être compensé par un surcroît d'attentions et d'actions au service des proches, de l'école, des parents, des beaux-parents ou de quelques associations qui ont justement besoin de son « excès » de disponibilité (croient-ils). Beaucoup de femmes au foyer **qui ont en valeur haute RESPECT DES AUTRES** dépérissent, écrasées par le stress et la dépression, à la grande surprise de leur conjoint et de leur entourage. Paradoxalement, elles se jugent inutiles parce qu'elles accordent toujours la priorité aux autres et sont incapables de se nourrir des compliments ou des remerciements. Elles attendent de la reconnaissance tout en la rejetant quand celle-ci se présente! Le fait de croire que s'effacer et laisser passer les besoins d'autrui avant les nôtres rend nécessairement heureux, puisque notre bonté s'exprime, est davantage un principe de convenance sociale et religieuse que la conclusion des observations récentes en psychologie clinique.

Respecter les autres et leurs besoins est une très bonne chose pour vivre harmonieusement en société, en famille ou en couple, mais leur accorder **constamment la priorité**, avec le risque fréquent de s'oublier, nous met physiquement et psychologiquement en péril.

RESPECT DE SOI

Cette valeur est à l'inverse de la valeur RESPECT DES AUTRES. Montaigne[7], ce célèbre humaniste de la Renaissance a dit : « Il faut se prêter à autrui mais ne se donner qu'à soi-même. »

- Vous êtes la personne la plus importante à vos yeux.
- Vous veillez à être bien dans votre tête, votre cœur et votre corps pour vous occuper d'une façon heureuse et correcte de vos enfants, de votre conjoint et de votre travail.
- Vous prenez bien soin de vous tous les jours. Vous choyez votre corps grâce à des produits de luxe. Vous décorez votre intérieur avec attention. Vous vous faites plaisir en mangeant, en vous habillant élégamment, en vous maquillant (pour les femmes), en achetant des fleurs, en écoutant de la belle musique, etc.
- Vous avez de la considération pour vous-même avant de prétendre vous sacrifier pour autrui. En cas de dilemme et de négociation impossible, vous passez vos besoins en premier.

7. Michel de Montaigne, *Essais*.

- Paradoxalement, vous n'êtes pas systématiquement égoïste. Vous êtes sensible au bien-être des autres et vous les encouragez à s'occuper d'eux-mêmes.
- Vous êtes affirmé. Vous savez exprimer clairement vos demandes, vos besoins, vos refus, vos critiques et vos opinions sans dévaloriser autrui, et vous tenez compte du risque encouru.
- Vous ne vous pliez pas facilement aux envies ou exigences de votre conjoint, de vos collègues, de vos amis si cela ne vous convient pas. Vous cédez aux envies des autres si cela vous plaît ou ne vous dérange pas.

+ RESPECT

La valeur RESPECT, tout court, est le **respect pour tout**! Pour soi, pour les autres mais aussi et surtout pour les règles de la vie en communauté.

Attention, si vous avez coché RESPECT et que vous pensiez plutôt à la fois au RESPECT DES AUTRES et au RESPECT DE SOI, ce qui suit décrit une valeur sensiblement différente :

- Le bien collectif et le fonctionnement harmonieux de la collectivité sont primordiaux pour vous. Les règles et les lois servent cet objectif. Il est donc évident que vous leur obéissez si elles sont bonnes et adaptées.
- Vous êtes **très à cheval sur les règlements qui régissent la vie sociale**.
- Vous connaissez assez bien les lois et les recours juridiques en cas de non-respect des règles (par exemple, formuler une plainte contre un voisin qui refuse de faire taire son chien aboyeur).
- Vous êtes intolérant à toute dérogation. Vous n'en réclamez pas pour vous-même. La règle est la même pour tous.
- Vous râlez ou, si vous êtes capable de vous affirmer, vous allez sermonner les « hors-la-loi ». Vous êtes capable de ne pas contacter

directement un contrevenant pour exiger le respect d'une règle, mais d'appeler la police pour vous plaindre.

- Vous n'avez pas de bonnes relations avec vos voisins (sauf si tout va bien !).
- Vous repérez immédiatement tous les manques de respect des règles.
- Vous voulez être au courant de toutes les « règles du jeu », c'est-à-dire les tenants et les aboutissants de chaque contrat écrit ou oral que vous passez avec autrui ou avec une institution (banque, assurances, agence de location de voitures, etc.).
- Vous avez logiquement une autre valeur haute dans votre hiérarchie : HONNÊTETÉ ou INTÉGRITÉ. Vérifiez.
- Vous avez un côté obsessionnel dans ce domaine et votre entourage vous demande parfois de « laisser tomber ».
- Vous êtes souvent fâché, contrarié ou en colère. « C'est fou le nombre de gens qui ne savent pas conduire ni se conduire ! »

CONFORT, BIEN-ÊTRE, PLAISIR

Il n'a pas été évident de départager les valeurs que j'ai choisi de mettre dans ce groupe et celles du groupe suivant (ÉPANOUISSEMENT, HARMONIE, SE RÉALISER, BONHEUR).

Toutes auraient pu s'inscrire au sein d'un même groupement. Je pense que celles que j'ai réservées à ce groupe, c'est-à-dire CONFORT, BIEN-ÊTRE et PLAISIR, ont trait à des sentiments positifs plus éphémères et plus légers que ceux du groupe suivant. En réalité, pour notre propos, cela n'a pas vraiment d'importance. Cette répartition quasi arbitraire se justifie plutôt pour aménager un côté pratique à votre lecture et à votre prise de conscience.

+ CONFORT

La valeur CONFORT ressort plus souvent chez les femmes que chez les hommes que j'ai accompagnés dans cette démarche de recherche personnalisée. Je ne la trouve pas très fréquemment, pour le moment, chez les moins de 35 ans. Je ne suis pas étonnée de cette observation. Le manque de confort d'un lit d'appoint chez un ami n'a pas d'importance si l'ambiance est bonne, quand on est jeune et vigoureux ! Mais passé un certain âge, le corps vieillit et se fait plus douloureux. Aussi, après avoir longtemps travaillé, beaucoup de gens estiment mériter des habitations confortables, qui deviennent alors aussi des indices de réussite à leurs yeux.

Si vous avez coché la valeur CONFORT :

- Vous détestez l'inconfort.
- Chez vous, c'est confortable ! Vos canapés, vos lits, vos fauteuils, vos chaises et vos tables sont choisis avec soin de façon à vous procurer un plaisir quotidien.

- Le plaisir principal est celui de sentir votre corps assis confortablement, bien enveloppé, à bonne température et sans douleur.
- Vous êtes équipé pour ne manquer de rien qui soit pratique et utile au quotidien. Vous avez tout ce qu'il faut dans votre cuisine et votre salle de bains !
- Vous n'allez habiter quelques jours chez des amis ou des membres de votre famille que si le logement et la chambre sont confortables (surtout le matelas !). Sinon, vous n'y allez pas, vous payez plutôt l'hôtel ou une location à proximité.
- Vos vêtements et accessoires (bijoux, ceintures, chaussures, lunettes, etc.) sont avant tout confortables. Ils n'entravent pas votre respiration et ne vous serrent ni le cou, ni les pieds ni la tête. C'est plus important pour vous que l'aspect esthétique. Vous n'achetez de très belles chaussures que si elles sont confortables à l'essayage.
- Si vous avez une voiture, elle est avant tout confortable.
- Si vous prenez l'avion et que vous avez connaissance de l'inconfort des sièges en classe économique de telle compagnie aérienne, vous n'hésitez pas à payer votre billet un peu plus cher ailleurs ou en classe supérieure.
- Vous payez plus cher votre voiture, votre hôtel, votre location, etc., pour obtenir au moins le confort indispensable pour vous.
- Il y a peu de chance que vous aimiez camper. Si c'est le cas, vous vous organisez « comme à la maison ! » Vous n'oubliez rien afin d'être confortable.
- Le luxe vous plaît mais il n'est pas indispensable (il est plus important chez les gens qui ont un fort besoin de RECONNAISSANCE SOCIALE ou qui ont comme autre valeur ESTHÉTISME).

BIEN-ÊTRE

Selon le dictionnaire, le bien-être est une sensation agréable procurée par la satisfaction des besoins et l'absence d'inquiétudes.

Il me semble que « rechercher systématiquement le bien-être » résulte d'une très longue période de vie où un sentiment d'inquiétude, d'anxiété, de colère ou de tristesse imprégnait le quotidien. C'est comme s'il s'agissait enfin d'un état de soulagement. Si vous avez effectivement la valeur BIEN-ÊTRE :

- Vous vivez enfin sans émotions négatives intenses et régulières.
- Vous recherchez systématiquement les lieux, les personnes, les activités, les horaires et les moyens de ressentir le bien-être.
- Vous savez reconnaître le bien-être, car vous avez connu le mal-être.
- Vous appréciez ces instants quotidiens ou exceptionnels qui vous procurent votre dose de bien-être. Vous savez le partager avec autrui.
- Votre bien-être n'est pas obligatoirement lié au confort.
- Vous êtes intéressé par des livres et des techniques qui vous apportent du bien-être, comme la relaxation, le zen, la méditation, la marche silencieuse, le sport, le yoga, le sauna, la piscine, la thalasso, les massages, le désert, etc.
- Vous prenez soin de votre corps avec une préférence pour qu'on s'occupe de vous : massages, shiatsu, thalasso, soins esthétiques, etc.
- Vous ralentissez volontairement votre rythme.
- Vous traitez très vite la douleur du corps et de la tête.
- Vous ne supportez plus la souffrance.

Attention, il se peut que vous aspiriez au bien-être, sans que vous le viviez au quotidien sous la forme décrite ci-dessus. Dans ce cas, il ne s'agit pas d'une valeur actuelle. Peut-être dans le futur ?

PLAISIR

Selon le dictionnaire, le plaisir est l'état de contentement que crée chez quelqu'un la satisfaction d'une tendance, d'un besoin, d'un désir. Le plaisir est un bien-être. On parle de plaisir des sens.

Si vous avez réellement PLAISIR en valeur haute :

- Tout ce que vous faites ou décidez doit vous procurer un fort sentiment de plaisir.
- Si un cours, un métier, des études, une formation, un sport ne vous procurent pas de plaisir, vous abandonnez.
- Ce qui est raisonnable passe après le plaisir.
- Vous aimez avoir conscience de l'éveil de tous vos sens : le goût, la vue, l'odorat, l'ouïe et le kinesthésique (toucher, émotions, mouvements).
- Vous êtes épicurien.
- Vous n'êtes pas nécessairement épanoui ou heureux.
- Si vous êtes en couple, aïe ! Cela fait des étincelles ! D'autant plus s'il y a des enfants. En effet, vous ne faites rien sans qu'il y ait un sentiment de plaisir associé. Or, il est difficile d'éprouver ce sentiment lorsqu'on descend la poubelle, qu'on débarrasse la table, qu'on étend le linge, qu'on retire la cendre froide de la cheminée, qu'on répare le vélo du petit, qu'on enlève la rouille du portail ou qu'on va faire les courses à l'hypermarché, alors qu'on souhaiterait passer du temps à autre chose de plus agréable !
- Vous ne vous obligez pas à faire quelque chose que vous n'aimez pas. Voilà pourquoi le conjoint finit par hurler qu'il a besoin d'aide *maintenant !*
- Les autres peuvent penser que vous êtes « lent à la détente » ou fainéant. Vous évitez ce qui ne vous plaît pas, mais eux ne le savent pas !
- Vous ne vous sentez pas coupable sauf quand, parfois, les reproches sont trop nombreux.

ÉPANOUISSEMENT, HARMONIE, SE RÉALISER, BONHEUR

En Occident, nous sommes nombreux à penser qu'il est nécessaire de rechercher l'épanouissement, l'harmonie, la réalisation ou le bonheur. Or, cette quête du bonheur n'est pas partagée par tous les peuples humains. Pour la plupart, la survie est encore prioritaire. Si vous avez coché l'une de ces quatre valeurs, vous constaterez qu'il s'agit non pas de l'espoir de vivre un jour ces merveilleux sentiments mais bien d'un état actuel (ÉPANOUISSEMENT, HARMONIE, BONHEUR) ou d'un style de vie très actif (SE RÉALISER).

ÉPANOUISSEMENT

Cette valeur est un état. Pas un processus. Il s'agit d'un **état d'autoréalisation acquis**.

- Vous êtes épanoui. Si ce n'est pas encore le cas, ÉPANOUISSEMENT n'est pas une valeur haute dans votre hiérarchie. Peut-être dans le futur ?
- Vous n'êtes pas nerveux. Ce qui ne veut pas dire «jamais stressé».
- Vous pouvez être calme et dynamique à la fois.
- Vous vivez bien et vous avez ce que vous souhaitez. Vous n'êtes pas frustré.
- Vous vivez le bien-être au quotidien.
- Vous êtes spontanément souriant, même tout seul !
- Vous répondez à vos besoins.
- Vous écoutez votre corps et le respectez.
- Vous faites ce qui est bon pour vous.
- Vous êtes proche du bonheur.

HARMONIE

Atteinte assez rarement de façon constante, l'harmonie au rang de valeur prioritaire implique une vie calme et fluide.

- Votre vie est harmonieuse.
- Vous évitez les conflits.
- Votre entourage n'est pas source de conflits. S'il l'est, vous quittez les lieux, vous vous séparez. Vous fuyez les gens vulgaires, irrespectueux, antisociaux, violents.
- Vous aimez être entouré de gens bien élevés, polis, galants. Autrement dit, des gens qui ont du savoir-vivre, mais ils doivent être authentiques et chaleureux. Vous êtes mal à l'aise avec les gens « faux ».
- L'harmonie n'est pas seulement présente dans les relations sociales, mais partout autour de vous : harmonie des couleurs de vos vêtements, de la décoration de votre logement, d'une table bien mise.
- Vous êtes esthète (cette qualité n'est pas nécessairement érigée au statut de valeur chez vous).
- Vous placez les objets afin qu'ils composent un bel ensemble harmonieux.
- Vous détestez les environnements trop bruyants.
- Vous êtes intolérant aux bruits environnants s'ils sont désagréables. Si c'est le cas, vous partez ou vous vous réfugiez dans vos rêveries ou dans le sommeil.

SE RÉALISER

Attention, **cette valeur est un processus et non pas un état**. Si pour vous, il s'agit d'un état permanent (**être** réalisé), peut-être devriez-vous vous reporter à ÉPANOUISSEMENT ou BONHEUR.

Si vous avez la valeur SE RÉALISER :

- Vous effectuez des démarches concrètes pour vous comprendre et pour vous sentir de mieux en mieux dans votre vie.
- Vous évoluez consciemment et activement.
- Vous assumez ce que vous découvrez de vous. Vous n'êtes pas dans le déni.
- Vous avez acheté et vous lisez ce livre! Comme beaucoup d'autres livres d'ailleurs.
- Vous lisez peu de romans. Cela ne vous apporte pas autant de connaissances, de sources de réflexion et d'informations **sur vous-même** que les livres sur le développement personnel. Les romans et les films qui vous intéressent sont ceux qui vous enrichissent par la découverte des caractères psychologiques des personnages, pas exemple.
- Vous êtes déterminé à être à l'écoute de vos besoins et de vos aspirations.
- Vous luttez **peut-être** pour que certains membres de votre famille ou votre conjoint reconnaissent votre besoin de devenir ce que vous êtes vraiment. Vous êtes plus ou moins diplomate et doux selon votre tempérament, mais surtout selon la personne qui essaie ou non de vous comprendre.
- Vous engagez une partie de votre salaire ou de vos économies pour vous faire aider et accélérer votre démarche. Vous achetez des livres, vous payez des thérapies, vous allez à des séminaires, vous assistez à des conférences, à des ateliers.
- Vous vous sentez bien avec des gens qui sont engagés dans la même démarche que vous, qui ont réussi leur vie, qui sont épanouis ou spirituels.
- Il y a des changements dans votre vie.
- Il y a des constructions qui poussent sur vos chantiers!
- Vous allez au-delà du simple RESPECT DE SOI. Cette dernière valeur devient pour vous une valeur de moyen. Elle vous sert à atteindre votre objectif final: vous réaliser.
- Vous êtes attiré par des personnes qui transmettent des valeurs profondes.

BONHEUR

N'est-ce pas un pléonasme que de mettre en parallèle la recherche de ses valeurs fondamentales et la quête du bonheur? Effectivement, être totalement en adéquation avec ses valeurs ne nous conduit-il pas enfin au bonheur?

Pour ma part, je pense que oui. Mais nous pouvons discuter durant des heures et pendant longtemps des termes adéquats pour décrire le bonheur et pour élaborer des théories le concernant! Les philosophes sont encore attirés par ce sujet, d'ailleurs. Restons pragmatiques. Si j'admets que le BONHEUR puisse être une valeur comme les autres, c'est que ce sentiment peut être véritablement **recherché activement** par certains d'entre nous.

Avez-vous entendu dire que certaines personnes étaient faites pour le bonheur et d'autres pas? Je crois que les premières montrent déjà des signes flagrants de cette quête, comme s'il s'agissait d'une évidence, d'une philosophie (innée?). Pour les deuxièmes, ceux qui ne seraient pas «faits pour le bonheur», je ne sais pas... Mon interprétation est qu'il existe des humains (les plus nombreux sur la planète) pour qui le bonheur n'est pas un but en soi. D'autres valeurs, comme RESPONSABILITÉ, CONFORT, TRAVAIL, FAMILLE sont à leurs yeux beaucoup plus fondamentales. La notion de bonheur serait une invention occidentale... Peut-être. Je ne souhaite pas reprendre les débats théoriques existants sur le sujet. Le thème du bonheur serait-il une préoccupation des civilisations occidentales? Cela tombe très bien: nous sommes Occidentaux, vous et moi! La recherche et l'expérience du bonheur sont une réalité pour certains d'entre nous. Si c'est votre cas:

- Vous êtes heureux et vous savez le dire sans honte.
- Vous êtes heureux et ça se voit!
- Vous êtes heureux d'être heureux! Le sentiment est global, dense, durable et difficilement descriptible. Vous jouissez du bonheur.

- Vos pensées sont tournées vers l'optimisme, la reconnaissance, la conscience de votre environnement et surtout vers une idée récurrente que vous êtes très chanceux. Vous jouissez de cette chance continuellement.
- Peut-être n'avez-vous pas objectivement tant de chance que cela, mais c'est votre vision du monde qui est positive.
- Votre bonheur n'est pas relié à une seule situation.
- Des choses simples vous rendent heureux. Vous vous réjouissez spontanément.
- Vous n'êtes pas dépressif.
- Vos émotions temporaires de tristesse, d'anxiété et de colère n'entament pas votre bonheur.
- Si votre bonheur est brisé par une complication trop longue à se résorber, vous vous débrouillez pour y remédier en tentant d'accélérer sa résolution par un abandon, un lâcher prise volontaire.
- Vous évitez les gens négatifs, pessimistes ou toxiques par leur incapacité à jouir de la vie (même s'ils font partie de votre famille).
- Vous êtes en état de complète satisfaction, de plénitude.
- Vous retournez régulièrement faire des séjours dans des lieux qui vous rendent heureux.
- Vous quittez les environnements devenus pénibles et médiocres pour vous.
- Vous vous séparez ou vous divorcez si votre relation de couple ne vous rend plus heureux depuis un bon moment. Vous avez l'impression d'avoir tout fait en vain pour rétablir l'harmonie. Dès lors, votre bonheur et celui de vos enfants passe en priorité et s'il faut se séparer pour cela, vous le décidez avec détermination.

AMITIÉ, COMPLICITÉ, PARTAGE, COMMUNICATION

AMITIÉ

Ceux qui ont la valeur AMITIÉ se reconnaissent: ils sont fiables et présents. Ils entretiennent la relation amicale au moins par téléphone, se rendent service, sont fidèles et fiables etc. Ces amitiés réciproques durent longtemps.

- L'amitié est un lien fondamental pour votre équilibre.
- Vous avez beaucoup d'amis, et ce, depuis votre jeunesse (sauf si c'est une valeur nouvelle pour vous). Le lien avec chacun est de qualité et votre affection est sincère.
- Vous êtes fidèle en amitié.
- Vous nourrissez volontairement et régulièrement chacune de vos relations amicales. Vous organisez des repas, des activités, des rencontres, des vacances, etc. Si vous ne pouvez pas vous voir pendant une période, vous vous donnez des nouvelles par courriel, par lettre ou par téléphone.
- Vous tenez à l'amitié plus qu'à l'amour d'un seul homme ou d'une seule femme, car cette relation peut être temporaire.
- Vous ne mettez pas de côté vos amis dès que vous tombez amoureux ou que vous vous installez en couple.
- Dans le cas peu probable où votre amoureux vous dirait: « C'est moi ou tes amis! », vous choisissez vos amis. Dans le cas d'un manipulateur, l'ultimatum est rarement donné directement. La manœuvre est beaucoup plus insidieuse, certes, mais si vous cédez à cet ultimatum et que vous délaissez vos amis, cela signifie que l'AMITIÉ n'est pas une valeur très prioritaire à vos yeux. En effet, si vous avez cette valeur, rien ni personne ne peut vous éloigner de vos amis.

- Votre amitié ne se base pas sur ce que les autres peuvent vous apporter de concret. Le statut professionnel et la fonction ne sont pas des critères sérieux pour donner votre affection.
- Il s'agit plus pour vous d'offrir sincèrement votre amitié et votre affection que d'attendre des marques d'affection des autres.
- Vous ne supportez pas la trahison en amitié.
- Vous pouvez pardonner mais non sans effort.
- Un très mauvais coup porté par un ami justifie que vous rompiez définitivement avec lui.
- Vivre sans amis ? Vous n'y pensez pas !

+ COMPLICITÉ

À l'inverse des relations amicales nombreuses et solides de la personne qui a la valeur AMITIÉ, celle qui détient la valeur COMPLICITÉ n'est pas très entourée.

- Seule la complicité réelle vous intéresse dans vos rapports avec les gens.
- Vous avez tendance à avoir des relations amicales exclusives.
- Vous avez peu d'amis mais vous affirmez en avoir « des vrais » !
- Vous avez besoin d'une grande complicité avec votre amoureux ou votre conjoint.
- Vous aimez faire Un à deux. Vous êtes fusionnel.
- Vous voulez tout savoir de l'autre. Pour vous, il n'y a pas de secret qui tienne.
- Vous adorez la sensation de « se comprendre juste par un regard ! »

PARTAGE

Cette valeur implique la générosité et l'ouverture. Elle est compatible avec la valeur AMITIÉ. Ce n'est pas vraiment le cas avec COMPLICITÉ, qui implique l'exclusivité dans les relations.

- Votre maison est ouverte aux amis, aux voisins.
- Vous partagez vos confidences.
- Vous partagez vos biens ; vous échangez votre logement en vacances, par exemple ; vous prêtez votre voiture, vous partagez votre repas, vous faites profiter la famille ou des amis des invitations que vous recevez, etc.
- Vous êtes entouré et rarement seul.
- Vous aimez partager vos amis dans le sens où vous les présentez les uns aux autres afin que se tisse un réseau amical ou d'échanges d'ordre professionnel.
- Vous aimez partager des informations avec d'autres sur des forums, dans des réseaux, des clubs spécifiques, des soirées basées sur le concept de l'échange, etc.

COMMUNICATION

Cette valeur n'implique ni l'amitié, ni la complicité. En revanche, elle peut être compatible avec le besoin de partager.

- Vous communiquez bien, avec clarté.
- Vous êtes extraverti.
- Vous n'êtes pas timide.
- Vous allez vers les inconnus pour initier des conversations.
- Vous êtes aimable.
- Vous êtes sociable.
- Vous avez parfois du mal à vous arrêter de parler.

- Vous avez beaucoup d'amis ou de relations dans votre carnet d'adresses.
- Vous choisissez ou vous exercez un métier dans le domaine de la communication, par exemple : orateur, formateur en communication, attaché de presse, directeur des ressources humaines, professeur, éditeur, responsable de l'organisation d'événements, gestionnaire de grandes équipes. Il est improbable que vous soyez président d'une société d'installation orbitale de satellites !

CRÉATIVITÉ, IMAGINAIRE, ESTHÉTISME

Ces trois éléments représentent des qualités partagées par des millions d'entre nous. Qui n'a pas fait preuve de créativité plusieurs fois dans sa vie ? Quel enfant n'est pas doué d'imagination ? Qui n'aime pas regarder ou être entouré de belles choses ? Érigées au rang des valeurs, ces dispositions deviennent de véritables besoins quotidiens, un mode de fonctionnement, un style de vie et probablement un métier.

✚ CRÉATIVITÉ

Si beaucoup d'entre nous sont créatifs en cuisine, dans leurs discours, dans leurs jeux ou en art, par exemple, il n'en reste pas moins qu'érigée au rang de valeur, la CRÉATIVITÉ est un atout constant et qui se remarque !

- Vous avez une grande capacité à imaginer, à inventer et à créer.
- Vous êtes obligatoirement créatif, donc *actif* à la création d'une chose qui n'existait pas avant, que vous la créiez de toutes pièces, ou que vous la présentiez sous un nouveau jour.
- Vous avez besoin de créer quelque chose de vos mains ou d'utiliser votre imaginaire. Vous avez donc peut-être une propension à peindre, à sculpter, à faire des compositions florales, à retaper des meubles, à écrire des romans, des scénarios ou des pièces de théâtre. Mais pour certains d'entre vous, cela se concrétise par une approche ludique d'exercices d'applications professionnelles, par une façon très originale de raconter des histoires ou de faire vos présentations professionnelles de manière vivante et personnelle.
- La créativité a besoin d'imaginaire mais pas l'inverse.

- Les activités et les métiers propices à l'épanouissement de la valeur CRÉATIVITÉ peuvent être : fleuriste, ébéniste, menuisier, coiffeur, styliste, consultant en image personnelle, couturier, créateur de mode, inventeur de jeux de société, peintre, sculpteur, forgeron, cuisinier, costumier, comédien, compositeur, décorateur, concepteur d'événements, bref, tous les métiers artistiques.

+ IMAGINAIRE

Selon le dictionnaire, l'imagination est la faculté de se représenter par l'esprit des objets ou des faits irréels, ou jamais perçus, de restituer à la mémoire des perceptions ou des expériences antérieures. C'est aussi la faculté d'inventer, de créer, de concevoir.

- Vous êtes souvent dans la lune !
- Quand vous y êtes, vous êtes en fait dans votre imaginaire.
- Vous vous racontez des histoires, vous imaginez, vous créez, vous modifiez des réalités et vous faites des plans.
- Les métiers ou professions propices à l'épanouissement de la valeur IMAGINAIRE sont : inventeur, architecte, concepteur de meubles, architecte d'intérieur, conteur, romancier ou écrivain d'histoires pour enfants, artiste de cirque ou de fêtes (marionnettiste, magicien), scénariste, dialoguiste, réalisateur, metteur en scène, décorateur de cinéma ou de théâtre, concepteur d'événements, inventeur de jeux de société, etc.

+ ESTHÉTISME

Avez-vous systématiquement besoin d'être entouré de beauté ? Il est possible que cela soit une *qualité* chez vous que d'apprécier la beauté mais est-ce pour autant un *besoin* qui hausse l'ESTHÉTISME au rang de valeur?

Si vous avez coché cette valeur, vous avez des attitudes et un mode de vie bien particuliers :

- Vous ne concevez pas votre environnement sans un raffinement et une harmonie **visuelle** artistique formelle.
- Vous êtes très observateur.
- Vous recherchez la beauté, qu'il s'agisse d'objets ou de personnes.
- Vous repérez immédiatement le manque d'harmonie ou les accords malheureux entre des meubles, des objets et des styles.
- Chez vous, c'est beau. En tout cas, vous cherchez à décorer votre maison de façon harmonieuse.
- Vous êtes toujours bien mis. Vous faites toujours un choix conscient des accords de couleurs et de matières.
- Vous aimez les magazines de décoration et de mode.
- Vous aimez les plats bien présentés. Lorsque vous recevez, votre table est agencée et décorée avec raffinement ou originalité.
- Vous aimeriez bien être un artiste. Il y a de grandes chances que vous le soyez déjà. Vous pouvez être styliste de mode, architecte d'intérieur, fabricant de bijoux, joaillier, antiquaire, commissaire-priseur, paysagiste, photographe, peintre, dessinateur, fleuriste, coiffeur, esthéticienne, etc.
- Vous privilégiez systématiquement l'esthétisme. Le confort passe au second plan. Vous ne choisirez une voiture que si elle est belle! Même si le coffre est minuscule et qu'il n'y a pas de place pour les copains ou la famille à l'arrière, vous allez craquer pour le modèle qui a les qualités esthétiques que vous recherchez! L'instinct « du beau » exige souvent des moyens financiers pour être assouvi.
- Quand vous découvrez un vêtement, un accessoire, un objet ou un meuble que vous trouvez beau (et original?), vous désirez ardemment vous l'offrir, et parfois même s'il coûte beaucoup trop cher. Ce n'est pas le cas si posséder n'est pas votre priorité.
- Vous aimez regarder les beaux corps.

- Chaque jour, vous regardez avec délectation ce que vous trouvez beau dans votre environnement.

Peut-être n'êtes-vous pas un fanatique de l'esthétisme tel que décrit plus haut. Seriez-vous alors *sensible* à la beauté (et non pas *avide* de beauté) par refus de la médiocrité ? Si vous n'en êtes pas certain, lisez la description de la contre-valeur MÉDIOCRITÉ.

FOI, SPIRITUALITÉ, CONSCIENCE, AMOUR

FOI

Avoir la FOI en une ou des croyances religieuses n'implique pas qu'il s'agisse d'une *valeur*. Méfiez-vous : **avoir la foi et en vivre, ce n'est pas la même chose.** Si c'est une valeur haute pour vous, vous en vivez !

- La foi en Dieu (en Allah ou en toute autre divinité) peut déterminer toutes vos actions, vos décisions et vos jugements.
- Vous cautionnez un ensemble de croyances religieuses en lesquelles vous avez confiance de toute votre âme.
- Vous êtes religieux (rabbin, prêtre, moine, nonne, lama, novice). Si ce n'est pas le cas actuellement, vous avez sérieusement pensé le devenir, peut-être même depuis votre jeunesse.
- Vous êtes peut-être, en plus, étudiant en théologie.
- Vous participez aux rituels de votre tradition religieuse.
- Vous priez.
- Vous faites des retraites, des séjours de recueillement ou des pèlerinages.
- Vous participez financièrement ou en faisant du bénévolat à la perpétuation des enseignements ou des rituels religieux (aide à la paroisse, par exemple). Vous pratiquez très sérieusement.
- Vous servez la cause humanitaire à travers le prisme de vos croyances spécifiques en tel ou tel courant religieux.
- Vous pouvez hésiter à divorcer, car vous trahiriez alors un engagement sacré.
- Vous n'avez jamais avorté (ou fait avorter une femme) puisque toutes les religions prônent l'existence humaine dès la formation de l'embryon. Cette affirmation peut être fausse si la valeur FOI n'a pas toujours fait partie de votre existence.

- La pratique religieuse est indispensable à votre vie certes, mais surtout, elle *compose* votre vie.
- Si vous avez des enfants, ils sont éduqués sérieusement dans votre tradition religieuse. Ils apprennent les prières et vous accompagnent aux rituels.
- Vous faites parfois du prosélytisme.
- Le mot «Dieu» ou «Allah» fait souvent partie de vos propos lorsque vous discutez ou écrivez à quelqu'un.

L'expression **la plus extrême** de cette valeur est l'intégrisme ou le fanatisme, avec ce que cela peut comporter comme manifestation d'intolérance, de méfiance, de mépris voire, paradoxalement, de haine envers ceux qui n'embrassent pas les mêmes croyances. Cela ne signifie évidemment pas que vous vous situez dans cet extrême.

⊞ SPIRITUALITÉ

Cette valeur n'est pas toujours reliée à une religion. En effet, il est possible de vivre une spiritualité sans avoir la foi dans une religion, que ce soit le catholicisme, l'islamisme, le judaïsme ou le bouddhisme, par exemple.

- Vous pouvez «picorer» dans plusieurs croyances religieuses pour nourrir votre réflexion.
- Vous cherchez à donner un sens à l'existence humaine.
- Vous élaborez des interprétations (donc des croyances) vous permettant d'accepter la réalité parfois difficile.
- Vous avez une certaine philosophie de la vie.
- Vous faites des lectures.
- Vous priez.
- Vous allez pratiquer des séances ou des séminaires de relaxation, de méditation, vous vous joignez à des groupes de prière, etc.

- Vous recherchez des enseignements et assistez à des conférences données par des maîtres religieux, des maîtres spirituels, des psychothérapeutes, et peut-être même des personnages ésotériques comme des chamans.
- Si vous avez des enfants, vous ne les initiez pas à vos croyances. Ils peuvent, du reste, totalement les ignorer pendant longtemps.
- Vous n'avez aucun sentiment d'intolérance ou de haine envers ceux qui ne partagent pas votre vision du monde. Vous ne faites pas de prosélytisme.
- Vous ne cautionnez que ce qui vous semble bon pour l'humain au sens large. Vous refusez l'inégalité entre les hommes et les femmes dans certaines traditions.

+ CONSCIENCE

La conscience est le sentiment qui pousse à porter un jugement de valeur sur ses propres actes. C'est aussi le sens du bien et du mal. Si vous avez la CONSCIENCE en valeur :

- Vous êtes conscient de vos comportements, même après coup.
- Vous êtes conscient de vos émotions, de leur intensité.
- Vous êtes présent à votre corps.
- Vous êtes conscient de vos sentiments.
- Vous êtes conscient de vos pensées.
- Vous êtes conscient de vos dialogues intérieurs et de vos dilemmes.
- Vous êtes presque constamment conscient de ce qui vous entoure.
- Vous êtes attentif à ce que vos cinq sens vous permettent de percevoir.
- Votre esprit n'est pas dispersé.
- Vous avez conscience de tout ce que vous vivez, sauf lorsque vous dormez.

- Vous pratiquez sûrement des techniques d'éveil de la conscience comme la respiration abdominale, la relaxation, la méditation, le taï-chi, un art martial, etc.
- Vous ne buvez que rarement de l'alcool afin de ne pas émousser vos sens.
- Vous ne vous droguez pas.
- Vous ne vous laissez pas déborder par l'anxiété afin de pouvoir être conscient de ce que vous dites et de ce que vous faites. Vous savez où vous posez vos lunettes, vos clés, votre sac, vos dossiers, etc.
- Vous jugez du bien et du mal, du bon et du mauvais, du sain et du malsain.
- Vous êtes au moins honnête avec vous-même.
- Le PLAISIR INTELLECTUEL constitue peut-être une valeur de moyen pour vous.
- Vous êtes donc conscient plus facilement qu'autrui de vos valeurs fondamentales !

Quelques précisions sur la valeur CONSCIENCE

Vous avez peut-être la CONSCIENCE parmi vos valeurs prioritaires. Si tel est le cas, alors rien ne vous échappe dans votre **vécu émotionnel et cognitif** ainsi que **comportemental et environnemental**. Cette conscience **permanente** vous permet de savoir à chaque instant si vous vous sentez bien ou mal (émotions puis sentiments). La réflexion, c'est-à-dire la « mentalisation du sentiment » vous permet presque immédiatement de comprendre en quoi vous vous sentez bien ou mal. **Selon vos autres valeurs et leur place dans votre hiérarchie, vous modifiez ou non** la situation désagréable. Vous rétablissez ou non la situation positive.

En effet, la CONSCIENCE compte parmi les valeurs prioritaires (quand on l'a, elle est présente à chaque instant) et elle peut être accompagnée d'autres valeurs telles que BONHEUR, BIEN-ÊTRE, ÉPANOUISSEMENT, RESPECT DE SOI et SE RÉALISER. Dans ces cas, il est évident que vous éliminerez rapidement les situations désagréables, tout en stimulant les petits et les grands événements de la vie qui vous procurent l'un de ces sentiments positifs. Vous ne pourrez pas faire autrement.

En revanche, si la CONSCIENCE est haute dans votre hiérarchie mais qu'on n'y trouve pas l'un de ces sentiments positifs mentionnés précédemment, mais plutôt d'autres valeurs telles que la RECONNAISSANCE SOCIALE, la RESPONSABILITÉ, la SÉCURITÉ MATÉRIELLE ET FINANCIÈRE, le POUVOIR, le CONTRÔLE ou la RÉALISATION PROFESSIONNELLE, vous mettrez des années à modifier une situation pénible sur le plan affectif, spirituel ou moral. Autrement dit, vous êtes conscient que les choses ne vont pas comme vous le souhaiteriez, vous exprimez ce malaise, mais le besoin d'être épanoui ou heureux n'est pas prioritaire pour vous. Votre besoin de satisfaire d'autres valeurs (moins personnelles et plus sociales) est alors bien plus important à vos yeux.

C'est ainsi que la pleine conscience de soi est une condition indispensable mais non suffisante pour prendre la décision d'effectuer des changements volontaires !

+ AMOUR

Si vous avez besoin d'aimer ou d'être aimé, vous avez sûrement coché AMOUR dans le tableau des valeurs. Qui ne le ferait pas ? Or, il y a peut-être une erreur d'interprétation. Nous parlons ici non pas d'un besoin humain d'affection génétiquement programmé, comme l'amour ou l'amitié, mais d'un vécu essentiel et fondamental dans votre vie.

L'AMOUR est beaucoup plus qu'un sentiment. **C'est le don de soi à un niveau élevé spirituellement.** Il ne s'agit absolument pas ici de l'amour, dans le sens d'être amoureux d'un seul individu ou d'aimer ses enfants. Encore moins d'élever l'AMOUR au rang de valeur parce qu'il est agréable, soulageant et revivifiant d'être aimé !

La valeur AMOUR vous transporte dans une dimension de **compassion extrême. Vous transpirez l'amour !** Vous concevrez que tout le monde, même les plus gentils d'entre nous, ne peut extérioriser cette énergie au point de la diffuser à tous ceux qui les approchent. **Si vous cochez la valeur AMOUR, c'est que vous diffusez l'amour !**

J'ai personnellement approché l'abbé Pierre et rencontré plusieurs fois un maître bouddhiste tibétain nommé Kalou Rimpoche. Tous deux sont décédés. J'ai aussi approché plusieurs fois le Dalaï-Lama. L'onde vibratoire qui émanait de chacun d'eux était extraordinaire ! Ils venaient à peine d'entrer dans la pièce ou de passer devant moi que mon corps s'en émouvait au point de pleurer sans en comprendre la raison. L'amour qui émanait d'eux est sans commune mesure avec l'amour que l'on éprouve pour une ou deux personnes. Dans ma vie amicale et professionnelle, j'ai connu quatre personnes ordinaires qui « transpiraient » l'amour quels que soient le lieu, les gens ou les situations qu'ils rencontraient.

Je reste vigilante lorsque je rencontre des personnes qui affirment trop régulièrement, à qui veut bien l'entendre, qu'ils sont totalement « dans l'amour »… J'en ai vu à l'œuvre ! Ils sont très doués pour donner l'impression qu'ils sont dans la compassion lorsqu'ils sont en public, puis sont capables de médisance, de souhaits hostiles, de rancœur et de méchanceté. Autrement dit, exploiter le thème de l'amour dans des poèmes, des chansons, des discours thérapeutiques, des propos spirituels ou religieux n'est pas nécessairement une manifestation de la valeur AMOUR. Ça, tout le monde peut le faire ! Si l'AMOUR fait partie de votre liste de valeurs :

- Ce sentiment est **profond** et **constant** en vous.
- Vous « transpirez » l'amour.
- L'amour est le moteur principal de vos actions et de vos décisions.
- Vous n'avez aucune pensée hostile envers les autres.
- Vous diffusez des paroles d'amour.
- Vos attitudes et vos gestes sont chaleureux.

FAMILLE, TRAVAIL, PATRIE

Après avoir passé de nombreuses années à accompagner des personnes qui cherchaient à découvrir ce qui était fondamental à leurs yeux, j'ai constaté que ces trois valeurs ne sont pas formulées aussi souvent qu'on pourrait le penser.

Pourtant, de nombreuses femmes au foyer, des mères maternelles et des pères paternels pourraient se prévaloir se donner corps et âme pour leur famille. Comme d'autres, qui passent leur vie à travailler sans sembler chercher d'autre satisfaction que celle du travail accompli. Ou d'autres encore, qui deviennent militaires pour «servir la patrie»... À moins qu'il y ait, en fait, d'autres motivations sous-jacentes?

Je crois que FAMILLE, TRAVAIL, PATRIE sont davantage des *valeurs de société* que des valeurs individuelles (de buts). Cela n'a pourtant pas toujours été le cas sous nos latitudes. Encore aujourd'hui, beaucoup de peuples valident en priorité ces valeurs sociales, mettant leurs valeurs personnelles au dernier plan (voire les nient). Je ne saurais vous dire s'il s'agit de la mentalité typique d'un peuple ou de celle du gouvernement qui le dirige.

+ FAMILLE

- Vous êtes dévoué en priorité à votre famille, c'est-à-dire à vos enfants et à votre conjoint.
- En cas de célibat tardif, ce sont vos parents qui vont être l'objet de toute votre attention.
- Vous êtes parent au foyer, sinon vous avez un métier qui ne vous accapare pas afin de rentrer vite vous occuper de votre famille.
- Peu de choses en dehors de votre famille vous passionnent.
- Vous concevez mal que les traditions sociales et religieuses telles que Noël ne se célèbrent pas en famille chaque année.

- Vous avez besoin de votre famille au quotidien.
- Vous vous enfermez socialement au fur et à mesure des années : vous vous faites peu de nouveaux amis et sinon, les fidèles sont priés de venir plutôt vous visiter à la maison.

Si cette description vous paraît quelque peu exagérée dans votre cas, c'est que la famille est, certes, importante pour votre équilibre affectif, mais n'est pas indispensable à votre équilibre psychique. Il ne s'agit pas alors d'une *valeur de but* pour vous.

Si vous avez coché FAMILLE, il serait intéressant d'explorer pourquoi vous donnez autant d'importance à la famille.

Pour beaucoup, la famille représente un moyen d'être **reconnu socialement** : « Je suis mère donc je suis femme », « Maintenant je suis un adulte mûr puisque j'ai un enfant », « Je suis maintenant quelqu'un puisque je suis parent ».

La famille est aussi, souvent, le moyen de satisfaire une autre valeur : la RESPONSABILITÉ. La famille peut également nourrir une valeur de but telle que la SÉCURITÉ AFFECTIVE. Peut-être signifie-t-elle autre chose pour vous ?

+ TRAVAIL

Celui qui a coché TRAVAIL accorde énormément de valeur au travail. Le travail semble l'obséder au point que, s'il n'en tenait qu'à lui, il travaillerait sept jours sur sept. Qu'est-ce qui le motive ? La valeur TRAVAIL ? Il n'est pas rare que certains hommes fuient l'ennui (contre-valeur ENNUI) ou le conflit avec leur épouse ! (contre-valeur CONFLIT). D'autres recherchent la RÉALISATION PROFESSIONNELLE pour le plaisir de s'accomplir. D'autres utilisent leur profession pour se classer dans une hiérarchie sociale et se faire reconnaître (valeur RECONNAISSANCE SOCIALE). Beaucoup, enfin, travaillent dans la ferme intention de RÉUSSIR.

Si vous avez coché TRAVAIL, vérifiez si c'est pour vous une valeur de but (c'est-à-dire TRAVAILLER pour le plaisir de travailler) ou une valeur de moyen.

Si vous avez réellement la valeur TRAVAIL en haut de votre hiérarchie :

- Vous travaillez et n'êtes jamais au chômage.
- Vous ne faites que travailler, disent vos proches.
- Vous travaillez pour le plaisir ou l'honneur personnel de travailler.
- Vous êtes irrité de voir des gens qui ne travaillent pas ou qui restent trop longtemps au chômage.
- Votre travail vous donne votre valeur au sein de la société. Cela n'a rien à voir ici avec le diplôme ou la nature plus ou moins brillante du travail que vous effectuez. Vous pouvez avoir cette valeur en étant maçon, plombier, boulanger, chef de cabinet ministériel, dentiste, etc.
- Vous avez très peu d'autres plaisirs ou sinon vous leur accordez très peu de temps dans l'année.
- Si vous êtes en famille, c'est votre conjoint qui se préoccupe de décider de l'organisation des loisirs, des vacances, des courses, etc.
- Vous prenez peu de vacances, car celles-ci vous ennuient.
- Vous ne savez pas vraiment vous reposer (cependant, vous faites des siestes le dimanche pour récupérer de vos heures de travail).
- Vous oubliez de vivre !

+ PATRIE

En ce qui concerne la valeur PATRIE, cela ne semble pas tellement nous préoccuper pour le moment, car nous ne sommes pas réellement en danger de perdre notre territoire ou notre identité ! Il n'en sera pas toujours ainsi. La guerre rétablit la valeur PATRIE à un haut degré et permet de se défendre collectivement afin de préserver ce que l'on a construit ensemble. Plus un pays est menacé de perdre son identité, plus nous voyons naître des résistances, qui peuvent d'ailleurs se concrétiser dans l'urne. Ainsi, nous voyons s'exprimer un nouveau patriotisme dans les pays d'Europe, car la grande Europe génère chez certaines personnes une véritable peur de devoir se soumettre pour partager le territoire et le travail, ou de devoir renoncer aux spécificités nationales. Le terrorisme international produit actuellement la même chose dans des pays traditionnellement ouverts et démocratiques.

L'identité de la nation peut être confondue avec l'identité de l'individu. Plus un pays se voit menacé (par exemple, les États-Unis, Israël), plus son peuple se sent en danger et est incité à se rassembler sous le même drapeau et à appuyer aveuglément toutes les décisions prises par le gouvernement.

En France, jusqu'à présent, je n'ai eu aucun récit d'expérience intense de cette valeur. J'imagine que si vous avez la valeur PATRIE en but :

- Vous choisissez un métier qui touche de près ou de loin à la défense des particularités de votre pays ou de son territoire.
- Votre grande fierté est d'être d'abord un citoyen de votre pays.
- Vous êtes patriote.
- Vous le revendiquez et le faites savoir dans votre discours, mais aussi parfois en portant un T-shirt à l'effigie de votre pays quand vous êtes en vacances, en plaçant votre drapeau bien en vue, en portant l'uniforme militaire, en vous habillant de telle façon qu'on reconnaîtra facilement d'où vous venez (surtout à l'étranger), etc.
- Vous avez peur que votre pays se fasse « dévorer » s'il ne maintient pas fermement certaines traditions, règles et lois, même si celles-ci deviennent désuètes et mal adaptées à la mondialisation pourtant inéluctable.

POUVOIR, ARGENT

Je ne connais personnellement aucune personne proche ou parmi mes patients qui régissent leur vie sur le besoin de pouvoir ou celui de posséder beaucoup d'argent.

Ces personnes existent pourtant. On peut les remarquer dans les très grands hôtels et les restaurants chics. Elles dépensent des fortunes et s'entourent en général de personnes jeunes et belles. Or, ces apparences peuvent nous tromper sur le véritable but de ces personnes qui semblent utiliser les signes extérieurs de la richesse pour exercer un pouvoir de fascination sur les autres. Et si leur valeur n'était pas POUVOIR mais PLAISIR ? Et si le hasard de leur naissance faisait qu'elles n'ont jamais elles-mêmes gagné cet argent qu'elles dépensent généreusement ? Ne concluons donc pas trop vite.

Je pense d'ailleurs que les hommes et les femmes dits « de pouvoir » sont moins insouciants que dans l'exemple ci-dessus. Le manque de retour d'expériences de personnes qui ont la valeur POUVOIR ne doit pas nous empêcher de faire des hypothèses sur les façons dont cette dernière se manifeste au quotidien.

+ POUVOIR

Logiquement, si vous avez cette valeur :

- Vous aimez ressentir que vous exercez du pouvoir sur les autres et sur les événements.
- Vous n'en éprouvez aucune gêne ni culpabilité. Si c'est le cas, cela ne peut pas être une valeur pour vous !
- Votre crédibilité et votre poids (financier, politique, social, etc.) font que les autres obéissent à vos ordres, à vos consignes, à vos suggestions et à vos demandes de services.

- Vous êtes donc influent, mais peut-être plus parce qu'on vous craint que parce qu'on vous aime.
- On vous reconnaît.
- Vous êtes probablement marié, car la sensation jouissive du pouvoir s'exerce d'abord sur un conjoint que l'on domine.
- Vous n'êtes pas dominé.
- Vous savez « coincer » votre conjoint sous votre domination (par des interdictions et des menaces, comme faire la tête ou ne pas donner d'argent).
- On peut vous dire « gentil ». Ce n'est pas tout à fait vrai : cela change si l'on ne satisfait pas à vos exigences.
- Vous savez manipuler et contre-manipuler.
- Vous êtes intelligent.
- Vous êtes visionnaire.
- Vous prenez des risques.
- Vous maniez plutôt trop d'argent que pas assez.
- Vous exercez un métier de pouvoir dans la politique, le gouvernement, la diplomatie, la magistrature, la police, la médecine ou autre.
- Si vous en avez l'occasion, il y a de fortes chances que vous cherchiez à vous faire admettre dans les cercles de pouvoir comme la franc-maçonnerie ou des clubs élitistes.

+ ARGENT

Vous l'aurez facilement deviné, détenir une telle valeur s'exprime en peu de phrases :

- Travailler, gagner, recevoir beaucoup d'argent est votre but principal (certains vont jusqu'à le voler !).
- Ce que vous faites de cet argent devient secondaire. Votre deuxième but consiste à montrer que vous en avez beaucoup

(achat de marques chères) ou à savourer chaque jour votre fortune (en comptant des liasses de billets, par exemple).

- Comme il faut bien en dépenser un peu, vous achetez des objets luxueux ou, au contraire, vous vivez comme un clochard pour ne pas dépenser cet argent !
- Vous ne parlez que d'argent alors que vous en avez beaucoup !
- L'argent vous obsède.
- Vous n'êtes pas souvent généreux avec vos proches.

Le personnage de Picsou créé par Disney est la représentation caricaturale d'une personne qui accorde une valeur fondamentale à l'argent. *L'avare* de Molière également.

Mon opinion est que, situé en valeur haute, l'ARGENT devient l'objet d'une attitude obsessionnelle. Je soupçonne celui ou celle pour qui l'ARGENT devient une valeur de but de développer un trouble obsessionnel compulsif (TOC). Une obsession à en posséder au-delà de ses besoins (et pas nécessairement son propre argent !) ainsi qu'une compulsion à le matérialiser en le comptant régulièrement, en l'amassant ou encore en s'achetant des biens de luxe onéreux.

Je crois cependant qu'une personne pour qui la valeur ARGENT est prioritaire peut éprouver un plaisir véritable à s'acheter une maison, une voiture, des vêtements, des bijoux ou une montre. Peut-être se réjouit-elle de sa richesse chaque fois qu'elle regarde ces objets. Est-ce un moyen de se rassurer ? Je n'ai pas suffisamment d'exemples pour le confirmer.

La valeur ARGENT est plus restreinte dans ses manifestations que la valeur SÉCURITÉ MATÉRIELLE ET FINANCIÈRE. Les personnes qui ont la valeur ARGENT éprouvent un véritable amour de l'argent sonnant et trébuchant, et savent le faire fructifier.

SANTÉ

Qui ne souhaite pas être en bonne santé ? Lorsque la santé est érigée au rang de valeur, tout tourne autour de la SANTÉ, jusqu'à devenir une habitude qui, à noter, n'est pas contraignante pour celui qui a cette valeur.

En lisant ce qui suit, vous constaterez qu'il ne s'agit pas seulement d'un souci naturel pour chacun d'entre nous.

- Vous ne fumez pas.
- Vous ne prenez aucune drogue.
- Vous ne buvez pas d'alcool, sauf en faible quantité et seulement à des occasions festives comme un mariage, un anniversaire, le Nouvel An, etc.
- Le sommeil est pour vous un excellent moyen de prévenir et de récupérer de la fatigue.
- Votre alimentation est très équilibrée.
- Vous achetez uniquement des aliments nutritifs et, si possible, biologiques. Pour vous, ce n'est pas une question de mode ni de prix.
- Vous faites de l'activité physique de façon assidue. Vous êtes motivé et constant.
- Vous avez une bonne hygiène dentaire.
- Vous n'êtes que rarement malade, car vous prenez soin de votre corps régulièrement.
- Dans le cas où vous auriez une maladie chronique ou que vous avez, dans le passé, été gravement malade, vous faites tout pour ne pas provoquer d'épisodes aigus par une mauvaise hygiène de vie.
- Vous êtes rigoureux sur tous ces plans.
- Vous n'êtes pas spécialement végétarien. Ce choix de ne pas ingurgiter de viande n'est pas caractéristique de la valeur SANTÉ.
- En cas de symptômes inquiétants et non éradiqués en quelques jours, vous consultez un médecin. Sauf pour ceux qui ont la phobie des médecins et des hôpitaux !

- Sauf en cas de maladie chronique et donc d'un suivi médical régulier, vous n'avez pas vraiment de « médecin traitant ».

ÉCOLOGIE, NATURE

En Occident, cette valeur tend à être de plus en plus fréquente tant la conscience du péril qui guette notre planète prend de l'ampleur ! De plus en plus de gens se sentent concernés par les conséquences des gaz à effet de serre. Nous assistons là à un véritable phénomène social, et c'est bien légitime. Si l'écologie et le sauvetage de la nature (flore et faune) sont chez vous une véritable préoccupation qui vous fait agir et militer, alors vous avez probablement cette valeur. Voyez plutôt :

- Vous **militez** pour l'écologie ou la défense des êtres vivants sur la planète.
- Vous êtes écologiste.
- Vous adorez la nature. Vous aimez y habiter, vous y promener, faire un jardin.
- Vous avez besoin de vous sentir relié à la nature.
- Vous lisez des documents, des études, des magazines et tout article sur les sujets traitant de la planète.
- Vous organisez ou participez à toutes les manifestations pour la préservation de la planète, qu'il s'agisse de descendre dans la rue pour appuyer une cause ou de signer des pétitions sur Internet.
- Vous vous sentez sincèrement concerné.
- Vous connaissez le nom de beaucoup de plantes, de fleurs et d'arbres. Leur entretien vous intéresse.
- Il y a des chances que vous n'habitiez pas la ville mais plutôt la campagne. Si vous habitez en ville, vous aménagez un coin de verdure ou bien vous vous échappez dans la nature chaque fois que vous en avez l'occasion.

- Vous avez besoin de vous sentir relié au cosmos grâce à votre conscience de faire partie intégrante de la nature, et donc de la terre.
- Vous aimez habiter dans des lieux construits avec des matériaux naturels tels que le bois.
- Vous êtes en faveur des énergies renouvelables.
- Vous faites le tri sélectif de vos ordures ménagères.
- Vous respectez la nature et ne jetez aucun papier par terre.
- Vous éduquez vos enfants selon vos principes de respect absolu de la nature.

CHAPITRE 4

Lexique des contre-valeurs

BONHEUR

Quelle surprise, n'est-ce pas, de voir une contre-valeur au contenu positif figurer dans la catégorie des situations ou des sentiments que l'on redoute ? Autant le dire tout de suite, ce n'est pas aussi rare qu'on pourrait s'y attendre ; refuser (involontairement) la jouissance d'un bonheur durable dans sa vie n'est en rien logique ni souhaitable. C'est donc typiquement une contre-valeur que j'appellerais « névrotique ». Si vous avez cette contre-valeur :

- Vous êtes doué pour saboter vos moments de bonheur ou vos belles relations (amoureuses, conjugales, amicales et parfois même professionnelles).
- Vous n'êtes pas heureux.
- Le sentiment de bien-être vous angoisse.
- Quand vous vous sentez bien, vous avez la conviction que cela ne peut durer. Vous faites en sorte d'avoir raison.
- Vous « cassez » systématiquement, et ce, depuis de nombreuses années, les ambiances de bien-être ou de bonheur. Par exemple, vous allez asticoter votre nouvel amoureux sur un détail sans importance ou vous créez une dispute sur le chemin du retour d'un séjour merveilleux.

- Vous perturbez les événements heureux : Noël, le mariage d'un proche, votre propre anniversaire (que vous ne fêtez sûrement pas d'ailleurs), une réunion de famille ou des vacances dans un endroit magique. Comment faites-vous ? Vous éteignez progressivement votre joie ; vous créez une dispute sur place ou sur le chemin du retour ; vous abordez un sujet tabou qui fâche l'autre ; vous boudez ; vous êtes de mauvaise humeur sans raison ; vous devenez agressif sans comprendre vous-même pourquoi.
- Le bonheur des autres vous dérange… d'une certaine façon.
- Vous pouvez réussir financièrement ou avoir un statut social reconnu mais ne pas en ressentir les bienfaits. De l'extérieur, les autres peuvent penser que vous avez tout pour être heureux.
- Au plus profond de vous, vous pensez que vous ne méritez pas le bonheur, comme si cela n'était pas « fait pour vous ».
- Vous décidez régulièrement d'agir à l'inverse de ce qui vous rendrait heureux. Par exemple, vous ne répondez pas à des invitations alléchantes ou bien vous les refusez (week-end, vacances, loisirs). Vous prétextez avoir des choses à faire pour rester chez vous ou rentrer plus tôt d'un séjour ou d'une journée à l'extérieur particulièrement agréable.
- Vous ne prolongez pas des situations très agréables alors que vous pourriez vous organiser pour que cela soit possible. Là encore, vos arguments vous semblent chaque fois justifiés : « Il faut que je range la maison », « J'ai la rentrée des classes des enfants à préparer (cinq jours avant !) », « Il faut rentrer pour les chiens. »
- Finalement, vous organisez votre vie de façon à avoir peu de chances d'être heureux. Vous vous piégez vous-même.
- Vous ne criez pas sur tous les toits que vous êtes réfractaire au bonheur, bien sûr ! Vous ne le savez peut-être même pas.
- Au pire, vous êtes autodestructeur (alcool, médicaments, drogues, dépression chronique).

COLÈRE

Si la colère est une émotion humaine comme les autres (tristesse, peur, joie. etc.) elle n'est pas admise, acceptée et donc tolérée par tous. À commencer peut-être par vous-même.

La contre-valeur colère implique que :

- Vous ne supportez pas la colère. Ni la vôtre ni celle des autres !
- L'expression pleine et entière de la colère (comme les cris) vous terrifie.
- Vous confondez souvent l'expression claire d'un mécontentement et la colère. Pour vous, les deux sont identiques.
- Vous vous sentez menacé lorsque l'autre exprime sa colère (ou son mécontentement, donc).
- Vous êtes incapable de répondre immédiatement au contenu du message s'il est prononcé avec vivacité. L'aspect non verbal vous bouleverse trop (visage renfrogné, voix forte, débit rapide et sans hésitation, fixité des yeux, fort tonus musculaire). Cet aspect vous tétanise au point d'être incapable de communiquer.
- On ne sait pas quand vous êtes en colère : ça ne se voit pas !
- Vous ne savez pas toujours si vous ressentez ou non de la colère.
- Vous pardonnez très vite à l'autre ses erreurs pour ne pas laisser éclater votre colère (un mécontentement même) pourtant bien légitime.
- Vous ne haussez pas le ton même si vous êtes fâché.
- Vous êtes capable de garder le sourire même si vous êtes mécontent.
- Vous pouvez avoir beaucoup de difficulté à exprimer clairement une critique de peur que des manifestations de colère surgissent (d'abord la vôtre).

CONFLIT

Il n'est pas suffisant de ne pas aimer les conflits pour parler de contre-valeur. Il faut que la simple idée qu'une décision, un choix ou un comportement génèrent une contrariété chez autrui soit insupportable. Si vous êtes profondément authentique, intègre et affirmé, vous ne pouvez pas avoir cette contre-valeur, car vous êtes en mesure de faire face à des conflits.

- Vous **détestez** les conflits.
- Vous fuyez systématiquement les disputes, les désaccords et les conflits, et cela, de diverses façons : vous vous éclipsez ; vous repoussez le moment d'avoir la « conversation sanglante » que vous redoutez ; vous ne réagissez pas réellement aux propos de l'autre ; vous ponctuez votre écoute par des onomatopées, des mouvements de tête ou des mimiques discrètes ; vous ne réfutez pas fermement le mensonge ou la mauvaise foi dont vous êtes témoin ; vous approuvez un argument alors que vous pensez le contraire ; vous avez tendance à « laisser tomber » un sujet de désaccord avec malheureusement l'inconvénient que : « Qui ne dit mot consent ».
- Vous ne haussez pas le ton, donnant l'impression que rien de grave n'est en train de se produire émotionnellement.
- Vous n'êtes pas intimement convaincu de remporter la négociation.
- Vous avez peur de faire preuve de fermeté.
- Vous avez peur d'être agressif (ou de passer pour tel).
- Vous avez du mal à exprimer un refus ou à poser des limites (sauf à vos enfants, ce qui est le plus facile, car d'emblée légitime).
- Vous n'êtes pas convaincant dans vos refus.
- Vous redoutez plus ou moins consciemment qu'on vous désapprouve, qu'on ne vous estime plus et, finalement, qu'on ne vous aime plus. Il s'agit en réalité de la présence d'un schéma cognitif sous-jacent : « Il est indispensable pour un adulte d'être aimé,

approuvé, estimé par (presque) toutes les personnes (importantes) de son entourage». Autrement dit, vous faites en sorte d'être apprécié par tous, et ça marche plutôt bien !

- L'inconvénient de ce mode de fonctionnement est que vous êtes plongé dans un dilemme intérieur lorsqu'il s'agit de prendre une décision.
- Finalement, toute décision radicale qui implique d'autres personnes est difficile à prendre pour vous, mais surtout à mettre en application. Prenons l'exemple du divorce. Alors que celui-ci s'avère être la solution ultime, vous n'êtes pas celui qui initiera cette démarche. Votre terreur du conflit ouvert, malgré tous les autres prétextes que vous pouvez vous donner, est la principale raison de cette paralysie. Finalement, on peut avancer que l'objectif d'être heureux n'est pas suffisamment motivant pour passer à l'action en vue de l'atteindre. Le risque de conflit est proéminent. En position de contre-valeur, la terreur d'entrer en conflit est plus puissante que les aspirations au bien-être et au bonheur.

- CONFORMISME

Le CONFORMISME en contre-valeur induit un comportement anticonformiste. Notre environnement influence fortement nos goûts, nos opinions, nos croyances et nos choix. Or, cette influence ne semble pas passer les portes de certaines personnes. Si c'est vraiment votre cas :

- Vous n'obéissez pas à la pression sociale.
- Vous ne vous manifestez pas en fonction de ce que les autres attendent de vous.
- Vous ne faites pas grand-chose «comme tout le monde».
- Vous êtes soit en rébellion contre l'ordre établi soit contre votre milieu d'origine ; vous ne réagissez pas *contre* la société, mais

plutôt parce que vous voulez correspondre à vos désirs, vos besoins ou à vos convictions.

- Vous ne suivez pas la mode mais uniquement vos goûts en matière vestimentaire.
- Vous ne cherchez pas à afficher des signes de prestige ou d'élitisme dans votre mode de vie (exemple : la belle berline allemande, la montre de marque, etc.).
- Au contraire, vous avez soit tendance à rejeter totalement ces signes, même si vous êtes aisé financièrement, soit à vivre simultanément deux modes de vie opposés. Par exemple, vous pouvez habiter le quartier le plus chic et le plus bourgeois de votre ville mais vivre une vie de bohème et conduire le véhicule le plus ringard du quartier, un simple scooter ou même une trottinette !
- Vous êtes irrité par le manque d'esprit critique de certains de vos congénères.
- Votre anticonformisme est raisonné (sauf s'il s'agit d'une rébellion contre les valeurs de vos parents ou d'une crise, comme celle que l'on vit couramment à l'adolescence).
- Vous assumez totalement, avec une certaine fierté, cette liberté de choisir votre mode de vie.
- Les critiques de l'entourage quant à la couleur de votre voiture, de vos chaussures ou quant à vos comportements ne vous culpabilisent aucunement si ces choix ne nuisent à personne.
- Vous aimez les gens. Votre intention n'est pas de les choquer et encore moins de leur faire du tort. Les libertés que vous prenez vous plaisent vraiment, mais elles ne servent pas à exprimer une hostilité envers la société.
- Vous êtes inséré dans la société.
- Vous êtes « spécial », dans le sens où malgré les apparences, vous êtes unique en votre genre !

Pour d'autres, l'anticonformisme viscéral représente l'expression possible d'une aversion pour la société et le genre humain. Dans ce cas, le non-respect et la haine peuvent être à l'origine des manifestations d'anticonformisme. Ce qui signifie que la contre-valeur CONFORMISME (donc l'anticonformisme) englobe les gens qui aiment les autres mais aussi ceux qui les méprisent.

D'autre part, l'anticonformisme systématique peut être la résultante de problèmes psychologiques (par exemple, un ego trop fort qui cherche à se faire remarquer afin d'« exister » aux yeux des autres), voire psychiatriques (par exemple, la personnalité histrionique, anciennement appelée hystérique, qui éprouve un besoin absolu de théâtralisme dans l'expression de ses émotions, dans ses tenues vestimentaires, ses comportements, etc.).

Finalement, quels que soient les motifs sous-jacents d'une personne anticonformiste, son expression systématisée nous fait conclure qu'il s'agit tout de même d'une contre-valeur.

- CULPABILITÉ

La plupart des gens se sentent de temps à autre coupables d'avoir mal agi ou de s'être mal conduits. C'est la raison pour laquelle cette contre-valeur reste rare. Si vous l'avez, voici comment elle se manifeste :

- Vous ne vous sentez que très rarement coupable (ce qui ne veut pas dire que vous ne vous sentez pas responsable).
- Vous faites un maximum pour ne pas « mal faire » ou faire de mal aux autres.
- Lorsque vous formulez une critique, c'est pour améliorer une situation ou au minimum créer une réflexion autour de la conscience d'un problème. Ce n'est pas dans un but malveillant.
- Si par inadvertance vos paroles ou vos gestes ont eu des conséquences négatives, soit vous vous dites que cela n'est pas si grave (déculpabilisation immédiate par le fait de relativiser), soit vous vous excusez (c'est rare !), soit encore vous essayez de vous faire pardonner.
- Bref, vous vous débrouillez pour ne pas vous sentir coupable d'avoir mal agi.

DÉPRESSION

La dépression passe d'abord par la déprime, donc par un sentiment de tristesse. Ainsi, vous cherchez à éviter ce sentiment, car c'est la porte d'entrée de la dépression. Soit vous êtes réellement quelqu'un de joyeux (et tant mieux!) ; soit vous portez constamment un masque (du sourire, du « costaud » ou de « Zorro »), refusant de constater l'existence d'une situation difficile ou malsaine.

Si vous avez cette contre-valeur, il est *possible* qu'un de vos parents ait été gravement dépressif et que vous redoutiez de lui ressembler. Si vous avez DÉPRESSION comme contre-valeur :

- Vous n'êtes jamais déprimé ou en dépression.
- Vous redoutez les états de tristesse. Vous faites en sorte qu'ils ne durent pas par peur de tomber en dépression.
- Vous acceptez peut-être le sentiment de tristesse quand il est relié à un événement « légitime » (un deuil, par exemple).
- Vous n'avez pas ce que l'on appelle le *blues*.
- Vous réagissez en l'espace de 24 heures aux premiers signes de déprime. Au choix, selon votre caractère, vous appelez un ami pour sortir ou vous divertir, vous vous obligez à vous détendre, vous raisonnez pour dédramatiser une situation voire vous positivez, vous faites du sport, vous couchez sur papier votre état d'âme comme pour vous en débarrasser, vous en parlez, etc.
- Vous vous éloignez des gens dépressifs.
- Vous ne comprenez pas les gens qui se laissent aller à la déprime. Vous êtes même irrité par leur apathie. Alors vous réagissez rapidement auprès d'eux pour les sortir de cet état.
- Vous portez probablement le masque du sourire, comme si tout allait toujours bien ou comme si vous étiez joyeux.
- Vous avez probablement des réponses stéréotypées positives du genre : « Il n'y a pas de problème », « Ça va super, comme d'hab' ! » ou simplement « Ça va ! » (alors que ça ne va pas si bien que cela).

ÉCHEC

Si vous avez coché RÉUSSITE sur le tableau des valeurs, il est possible que vous ayez coché ÉCHEC en contre-valeur parce que cela vous semble logique. Vous constaterez que ce qui semble évident (vouloir réussir implique un rejet de l'échec) ne l'est pas toujours !

- Vous travaillez beaucoup.
- Vous faites en priorité ce que vous êtes quasi certain de réussir.
- Face à un projet, vous anticipez les risques, mais avec une **charge émotionnelle,** comme si votre vie future allait en dépendre.
- **Vous vous remettez difficilement des échecs.**
- Vous redoutez le regard des autres dans le cas où vous échoueriez.
- Vous exagérez, sans le concéder, les conséquences d'un échec. Vous prononcez, par exemple : « C'est ma dernière chance et si ça ne marche pas cette fois... », « Si je ne réussis pas à convaincre ce client, c'est fichu pour la saison ! »
- Vous êtes souvent dans un système binaire où soit c'est génial, soit c'est nul. Autrement dit, puisque vous mettez de l'affect à vos ambitions, vous êtes soit très optimiste, soit très pessimiste. Sans le savoir, vous manquez de réalisme. Vos proches vous l'ont peut-être déjà fait remarquer mais vous ne saisissez pas ce qu'ils veulent dire.
- Vous pouvez perdre un temps fou à effectuer des tâches secondaires.
- Vous vous sabotez subtilement. Vous lâchez votre travail de fond pour perfectionner la forme. Vous pouvez, pendant des heures, faire des téléchargements, des copies, des fiches résumées, des impressions d'étiquettes couleur de films DVD depuis Internet, ou toute autre préparation à une présentation parfaite, par exemple. Tout cela n'est qu'accessoire mais vous êtes convaincu que c'est important. Plutôt que de vous préoccuper et de travailler d'abord sur le contenu, vous passez du temps à peaufiner le contenant.

- Vous pouvez être perfectionniste. Ce qui ne veut pas dire parfait ! En effet, le perfectionniste peut également perdre beaucoup de temps à peaufiner certaines tâches ou certains textes afin de donner une meilleure image de lui et de pouvoir considérer qu'il a de la valeur. Il est d'ailleurs rarement satisfait de ce qu'il produit tant que ce n'est pas parfaitement accompli selon ses critères.
- Vous pouvez vous adonner à la procrastination. Cela signifie que vous repoussez les tâches qui vous sont pénibles et qui ne vous font pas plaisir. Vous accumulez donc une somme considérable de tâches en attente. Par exemple, vous êtes en retard pour régler des factures, classer des dossiers, téléphoner pour prendre des rendez-vous ou régler les problèmes, vous déplacer afin d'effectuer des démarches ou des achats qui vous embêtent. La procrastination est un facteur d'échec considérable mais vous ne vous en rendez pas compte.
- Vous avez l'impression que des éléments extérieurs sabotent votre ambition. C'est votre justification principale pour ne pas agir de façon à retourner une situation à votre avantage. Vous pouvez largement accuser vos collaborateurs d'incompétence, d'éprouver de sérieuses difficultés familiales, d'avoir une santé fragile, etc. Vous n'êtes pas nécessairement conscient de cet état d'esprit et vous pouvez même vous en défendre !
- Les petits et les gros échecs prennent une signification particulière s'ils s'accumulent. Pour vous, ce n'est pas normal et vous vous remettez en question. Mais tout seul ! Vous ne demandez pas l'avis d'experts (psychologues, conseillers financiers, etc.).
- Vous n'écoutez pas les conseils émanant des bonnes personnes ou vous faites semblant de les écouter sans les appliquer **de façon rigoureuse.** D'une certaine façon, vous dérogez à quelques détails près d'un conseil qu'on peut vous avoir donné, convaincu néanmoins d'avoir obéi à la consigne. Certains d'entre vous attendront d'être dans le fond du puits pour conclure, comme

saint Thomas, que « Vous avez vu, de vos yeux vu »… qu'il s'agissait effectivement d'un puits !

- Votre estime de vous-même, donc votre confiance en vous, n'est pas si haute. L'échec vous remet chaque fois en question mais vous empêche de trouver la bonne action et la voie de sortie express.
- Vous avez de la difficulté à agir et à réagir.
- La terreur d'échouer vous empêche d'effectuer des virages rapides ou des changements personnels et professionnels pourtant indispensables à la réussite de vos projets.

Celui qui a la valeur RÉUSSIR réussit ce qu'il entreprend et « rebondit » en cas d'échec. Celui qui a la contre-valeur ÉCHEC peut être si paralysé qu'il n'agit pas s'il y a des risques. Il est perfectionniste et se remet mal de ses échecs.

RÉUSSITE en valeur et ÉCHEC en contre-valeur **ne peuvent pas fonctionner en binôme.** Les manifestations de ces valeurs sont trop contradictoires. L'état d'esprit sous-jacent est fort différent également.

La contre-valeur ÉCHEC, paradoxalement, **ne prémunit pas contre l'échec mais au contraire le rend plus fréquent !** Bien embêtant, n'est-ce pas ?

ENNUI

Si l'idée de vous ennuyer ne vous rend pas « nerveux », cette contre-valeur ne vous concerne pas (car vous supportez l'ennui). Dans l'autre cas, vérifiez si ce qui suit vous concerne.

- Vous anticipez souvent que vous allez peut-être vous ennuyer quelque part ou chez quelqu'un s'il n'y a pas de programme établi ou que celui-ci semble peu emballant.
- De ce fait, vous vous débrouillez pour… ne jamais vous ennuyer ! Vous apportez avec vous des livres, des magazines, des

jeux ou tout autre matériel qui crée un intérêt chez vous et qui peut compenser une situation éventuellement ennuyeuse.
- Vous avez peut-être une autre contre-valeur dans votre hiérarchie : PERTE DE TEMPS. En effet, l'impression d'ennui va de pair avec le sentiment de perdre un temps précieux.
- Si vous vous trouvez coincé dans une situation où vous vous ennuyez, vous vous trouvez des subterfuges, et ce, pour ne pas être désagréable, irrité ou agressif. Vous respirez, méditez, élaborez un projet en pensée, vous observez, vous lisez, etc.
- En cas d'ennui, et si vous ne vous sentez pas complètement coincé dans la situation, vous vous arrangez pour partir. Par exemple, vous quittez le cinéma ou un spectacle au bout de 30 minutes si vous vous y ennuyez. Invité chez des gens, vous prétextez que vous devez vous lever tôt le lendemain matin pour vous éclipser juste à la fin du repas.

FRUSTRATION

Comme on ne peut pas contrôler les autres ou son environnement, les situations frustrantes qui font obstacle à nos attentes ou à nos désirs sont légion. On ne peut donc pas empêcher les états de frustration. Quand on a la contre-valeur FRUSTRATION, c'est le *sentiment* de frustration qu'on ne tolère pas.

- Vous ne supportez pas la frustration.
- La frustration vous rend très irritable voire colérique ou, selon les circonstances, vous fait ressentir un autre sentiment extrême tel qu'une profonde tristesse.
- Vous évitez les situations frustrantes.
- Vous échappez rapidement au sentiment de frustration.
- Vous vous arrangez pour ne pas éprouver de la colère ou de la tristesse.

- Vous avez un plan B voire un plan C lorsque vous avez un projet, cela, dans le cas où tout ne fonctionnerait pas comme vous le voulez.
- Sans être pessimiste pour autant, vous vous attendez souvent à ce que vos demandes ou vos désirs ne soient pas réalisés et vous visualisez (vous projetez) plusieurs options afin d'éviter les déceptions.
- Finalement, vous vous débrouillez pour ne pas être déçu ou, en tout cas, pas pour très longtemps.
- Vous avez en général l'impression que les choses se passent bien ou s'arrangent facilement, même si ce n'est pas parfait à chaque fois.
- En général, vous ne vous sentez pas frustré.

- INJUSTICE

La nuance entre la valeur JUSTICE et la contre-valeur INJUSTICE est ici assez rapide à déceler. La valeur JUSTICE vous pousse constamment à agir et la contre-valeur INJUSTICE vous rend malade de voir autant d'injustice dans le monde mais ne vous motive pas à agir concrètement.

Si vous avez l'INJUSTICE en contre-valeur :

- Vous pensez souvent à l'injustice qui sévit dans le monde. Cela vous affecte. Vous vivez alors de la tristesse, de la colère ou de la culpabilité.
- Vous ne supportez pas l'injustice mais pas au point de passer à l'action. En effet, cela ne vous motivera pas pour autant à devenir avocat, assistant social, militant, syndicaliste, juge ou policier (contrairement à la valeur JUSTICE).
- Vous éprouvez une véritable admiration pour ceux qui en font leur métier.
- À votre niveau, vous ne faites rien d'injuste (face à vos enfants, à vos collaborateurs, à vos employés et même à vos animaux !).

- Vous pouvez décider de ne plus regarder les bulletins de nouvelles à la télévision et même de cesser de vous informer sur ce qui se passe dans ce monde, car vous êtes incapable de voir tant d'injustice et de misère !
- Votre action peut consister à envoyer régulièrement un chèque à une fondation ou à une association qui défend une cause à laquelle vous êtes sensible.

INSÉCURITÉ AFFECTIVE

Si vous aviez coché SÉCURITÉ AFFECTIVE mais que vous ne vous reconnaissez pas dans la description de cette valeur (voir page 54), il se peut que vous ayez plutôt la contre-valeur INSÉCURITÉ AFFECTIVE.

Dans ce cas, vos attitudes sont beaucoup **plus atténuées** que si vous aviez la valeur SÉCURITÉ AFFECTIVE :

- Vous avez besoin *des autres* autour de vous, sans ressentir le besoin d'entretenir des relations exclusives.
- Vous conservez toujours un lien étroit avec vos amis, même en étant amoureux ou en couple.
- En cas de rupture amoureuse ou conjugale, que vous pouvez par ailleurs initier, vous savez que ceux que vous avez nourris de votre affection seront toujours là. Il peut s'agir d'amis, de copains et de membres de la famille.
- Vous ne craignez pas la solitude. Même seul pendant une période, vous vous savez aimé et apprécié.
- Vous êtes assez autonome dans vos décisions, même si vous aimez parler de vos idées et de vos projets avec les autres.
- Vous éprouvez parfois un *sentiment* de solitude lorsque vous ne partagez pas vos sentiments, vos opinions et vos expériences de vie avec d'autres. Par exemple, vous êtes capable d'aller seul au cinéma, mais vous ressentez un vide si vous ne pouvez pas

partager votre ressenti ou exprimer votre opinion après le visionnement.
- Vous n'êtes pas « étouffant » auprès de votre conjoint ni de vos enfants.
- En l'absence de ces derniers, vous ne vous sentez pas « abandonné ».
- Appeler votre amoureux régulièrement, même sans le voir, peut vous suffire à court terme.
- Vous ne cherchez pas un nouvel amoureux le plus rapidement possible lorsque votre relation se termine (contrairement à la valeur SÉCURITÉ AFFECTIVE). Les amis ou la famille vous entourent et cela suffit à vous rassurer. Vous pouvez cependant garder l'espoir de retrouver quelqu'un avec qui partager des moments intimes et riches en complicité.

- INSÉCURITÉ MATÉRIELLE

Quand on a la SÉCURITÉ MATÉRIELLE ET FINANCIÈRE comme valeur, il est évident que l'on craint l'INSÉCURITÉ. L'inverse n'est pas vrai. En effet, votre recherche absolue de sécurité vous fige dans des situations où vous pouvez stagner pendant longtemps. Le fait d'avoir seulement une aversion prononcée pour l'insécurité vous permet de vous assurer un minimum de sécurité dans un premier temps, mais cela ne vous empêche pas de prendre des risques et d'effectuer des changements.

La peur de l'INSÉCURITÉ MATÉRIELLE ET FINANCIÈRE est probablement haute dans votre hiérarchie des contre-valeurs si :

- Votre inquiétude est de manquer d'argent pour vivre confortablement dans le futur.
- Vous assurez vos arrières, justement pour ne pas trop ressentir cette inquiétude.
- Vous économisez sérieusement.

- Vous avez souscrit à des comptes d'épargne de toutes sortes dont des contrats de retraite complémentaires ou d'assurance vie.
- Vous investissez dans des comptes qui rapportent et même dans des portefeuilles d'actions. Vous avez diversifié vos investissements entre les secteurs monétaire, immobilier, boursier et celui des assurances.
- Vous savez prendre des risques, mais calculés!
- Une fois vos placements faits, vous vous sentez libre de dépenser.
- En cas d'inconfort, vous changez de poste, d'entreprise, de ville, de logement. Votre couple n'est pas non plus une prison pour vous. Sachez qu'il n'est pas facile d'effectuer des changements pour celui qui a comme valeur SÉCURITÉ MATÉRIELLE ET FINANCIÈRE.
- Vous avez probablement la valeur AUTONOMIE ou INDÉPENDANCE dans votre hiérarchie.
- La peur de manquer d'argent pointe son nez de temps en temps. Si vous faites le récapitulatif de vos placements et de vos économies, tout s'apaise. Vous vous dites finalement qu'au pire des cas vous récupérerez vos billets.

INUTILITÉ

Lorsque vous dites: «Je *déteste* me sentir inutile», cela dénote la présence d'une *contre-valeur* chez vous. Si vous affirmez: «j'ai toujours *besoin* de me sentir utile», il y a des chances que vous exprimiez une *valeur* (UTILITÉ). Voici comment se présente la contre-valeur INUTILITÉ:

- Vous détestez vous sentir inutile si une situation vous donne l'occasion de rendre service. Par exemple, vous aidez spontanément à débarrasser la table lorsque vous êtes invité quelque part, même si vous connaissez vos hôtes depuis peu. Vous aidez un technicien qui travaille chez vous pour une réparation.
- Vous êtes serviable.

- Vous êtes attentif aux besoins des autres.
- Vous êtes actif.
- Vous offrez spontanément votre aide, avant même qu'on ne vous le demande.
- Vous savez parfaitement vous rendre utile sans être intrusif ni déranger l'autre.
- Vous tombez à pic pour arranger l'autre.
- Vous savez ce qu'il est utile de faire.
- Vous n'en faites pas trop.
- Peut-être avez-vous la valeur AIDE AUX AUTRES.
- Vous vous mettez facilement à la place de l'autre pour détecter et anticiper un embarras d'ordre pratique.
- Contrairement aux personnes qui ont la valeur UTILITÉ, qui sont capables de **créer un besoin** et de le satisfaire immédiatement, vous **comblez un besoin existant**.
- Vous pouvez avoir par ailleurs la contre-valeur CULPABILITÉ (ce qui signifie que vous détestez vous sentir coupable).
- Si vous aviez UTILITÉ en valeur, vous avez obligatoirement INUTILITÉ en contre-valeur (attention, toutes les valeurs ne fonctionnent pas nécessairement en binôme avec leur opposé en contre-valeur).

LE MALSAIN

Nous ne nous comportons pas toujours de façon bienveillante, juste, honnête et saine, et nos intentions ne sont pas toujours limpides. Cependant, beaucoup d'entre nous sont d'accord pour affirmer que ne pas se comporter de façon saine ne sous-entend pas nécessairement que l'on ait un comportement *malsain*». La différence tient dans la *fréquence et la durée* de l'attitude malsaine et dans *l'intention* sous-jacente. Une intention malsaine (perverse) consiste à se délecter de la provocation, du manque de respect (en étant cynique, par exemple), de l'utilisation et de l'exploitation d'autrui à des fins égoïstes. Finalement, l'intention perverse crée une jouissance de constater son pouvoir de destruction par des attitudes morbides ou manipulatrices. Quitte à en passer par sa propre destruction !

La perversité est dangereuse car elle dépasse les limites de l'éthique, de la moralité et du bien-être spirituel et émotionnel. Tout ce qui est malsain nuit à la santé physique ou morale. Or, même s'il peut avancer sournoisement pour s'installer dans votre vie (par une relation amicale ou amoureuse par exemple), vous n'avez besoin d'aucune formation pour détecter « qu'il y a quelque chose de malsain dans l'air ! » Votre corps manifeste très rapidement des symptômes d'angoisse et votre instinct comprend qu'il y a danger ou menace de perdre votre équilibre physique et psychique.

Dans le cadre de mon travail de thérapeute, j'ai connu beaucoup de personnes avec cette contre-valeur. Elles avaient été victimes de situations malsaines dans le passé. Deux cas se présentent régulièrement : les victimes d'inceste ou de pédophilie et les victimes de manipulateurs ou de pervers de caractère. Elles en sont totalement sorties lorsqu'elles déclarent ne plus supporter le « malsain ».

Si LE MALSAIN est une de vos contre-valeurs :

- Vous n'êtes pas malsain vous-même.
- Vous êtes sûrement, au contraire, très éthique et rigoureux dans vos principes moraux et vous cherchez à faire le bien ou à vous améliorer.
- Les situations que vous considérez comme malsaines sont d'abord des procédés ou des processus qui impliquent la provocation, la menace, le chantage, la manipulation, l'exploitation, la perversité, le vice sexuel, l'inceste, la pédophilie, la zoophilie ou d'autres graves perversions sexuelles, l'agressivité, la vulgarité, la domination, la moquerie, le cynisme, l'humiliation, l'insulte, la destruction, la maltraitance, la violence physique, la séquestration, les sévices, et enfin, la méchanceté.
- Les gens malsains, que vous évitez de côtoyer, utilisent *régulièrement* plusieurs de ces procédés. Vous ne fréquentez pas « ces gens-là ».

- Vous ne supportez pas certaines ambiances comme les beuveries, les lieux glauques (puant l'alcool et la cigarette, par exemple), les endroits morbides ou qui dégagent de mauvaises vibrations, par exemple, vous n'irez pas faire la fête dans les catacombes, au milieu des crânes !
- Vous êtes parfois titillé par des personnes qui ne partagent pas votre dégoût et qui ne vous trouvent pas assez « ouvert ». Cela ne vous affecte pas tant que cela, car vous êtes attentif à vos alertes intérieures et à votre code moral.
- Vous ne vous laissez pas humilier, insulter, détruire, battre, rabaisser, dominer ou maltraiter d'une quelconque façon. Cela ne veut pas dire que ce n'était pas le cas avant que vous ayez cette contre-valeur en haut de votre hiérarchie.
- Vous ne vivez pas et vous ne travaillez pas avec un pervers de caractère – les pervers de caractère représentent environ 20 pour 100 des manipulateurs, mais sont plus tordus et donc plus dangereux pour votre intégrité psychique, physique et sexuelle. Cela a pu être le cas dans le passé, mais ça ne l'est plus !
- Vous ne vous droguez pas, ne vous prostituez pas, ne vous mutilez pas et ne vous détruisez pas.

- MANQUE DE CONFIANCE

Cette contre-valeur ne se définit pas comme la difficulté à supporter le manque de confiance *en soi*. Au contraire, il s'agit d'un pendant de la méfiance envers les autres, envers une organisation, un système, une gouvernance, etc. Constatons de plus près ce que cela signifie :

- Vous ressentez profondément le besoin de faire confiance.
- La confiance est au cœur de toutes vos entreprises. C'est un critère fondamental.
- Votre premier réflexe, dès que vous ne connaissez pas un lieu, une personne, une organisation, est la méfiance.

- Vous avez une tendance «naturelle» ou instinctive à ne pas faire confiance d'emblée.
- Vous ne vous engagez dans une entreprise, un projet, un amour, un mariage, une thérapie, une longue formation, etc., que si votre vigilance et vos observations vous donnent le feu vert.
- Vous êtes parfois tendu à cause de votre méfiance mais vous ne la lâchez pas, car elle vous préserve, selon vous, d'abus possibles.
- Dans le cas où vous vous sentez finalement en confiance, vous pouvez résister à certains changements nécessaires dans votre vie. Par exemple, vous trouverez peut-être pénible, à cause d'un déménagement, de changer de dentiste, de médecin, de professeur, de thérapeute, de restaurant, de fournisseurs, de coiffeur. Il se peut même que, justement, vous fassiez des kilomètres pour toujours garder le lien avec la ou les personnes à qui vous avez réussi à faire confiance.
- Il se peut que vous ayez également coché la contre-valeur TRAHISON. En effet, ces deux valeurs se ressemblent. Lisez attentivement la description de cette dernière à la page 175 afin de déceler laquelle de ces deux contre-valeurs est véritablement la vôtre.

D'après mes observations cliniques, il semblerait que les personnes qui confirment avoir cette contre-valeur ont souffert par le passé d'abus, de mensonges, d'un manque de protection durant l'enfance, d'exploitation, de tromperie ou autre manipulation.

MANQUE DE CONTRÔLE

La grande différence entre avoir CONTRÔLE en valeur et MANQUE DE CONTRÔLE en contre-valeur, outre les exemples présentés ci-après, est que vous êtes très affairé à maîtriser votre vie *et* celle des autres (vous dominez) si vous avez la valeur CONTRÔLE et que vous voulez absolument maîtriser *votre propre vie* (vous refusez d'être dominé) si vous avez la contre-valeur MANQUE DE CONTRÔLE. Dans ce dernier cas :

- Vous êtes capable de déléguer (contrairement à ceux qui ont la valeur CONTRÔLE), mais vous vous assurez toujours, au début, que la personne effectue correctement la tâche que vous lui avez confiée. Ensuite, vous lui faites confiance sans exercer un contrôle assidu.
- Vous faites confiance aux professionnels (électriciens, plombiers, mécaniciens) si vous ne connaissez pas le domaine. En revanche, vous aimez vous informer, par curiosité.
- Si vous êtes en couple, vous tenez les comptes, vous avez votre compte bancaire, vos cartes de crédit, votre chéquier et vos numéros de codes, votre répertoire téléphonique, etc. Vous refusez l'idée d'être démuni et inefficace en cas de besoin ou en l'absence de l'autre.
- Vous êtes très attentif au trajet que prendra un taxi lorsque vous l'utilisez.
- Vous restez vigilant dans certaines circonstances pour ne pas vous faire arnaquer. Vous avez souvent peur d'être trompé. Et si cela vous arrive, vous êtes furieux.
- Vous ne supportez pas, à la foire, les manèges comme les montagnes russes. La peur vous envahit, car vous ne pouvez ni freiner ni accélérer à votre guise. Manquer de contrôle provoque une anxiété trop désagréable.
- Si vous savez conduire et que vous êtes passager, vous êtes attentif à la manière dont le conducteur contrôle ses manœuvres et réagit. Vous pouvez même avoir tendance à vous agripper à la poignée de la portière s'il conduit mal. Vous n'êtes pas confiant d'emblée mais seulement après un moment d'observation.
- Vous ne buvez pas d'alcool au-delà d'une certaine limite afin de rester conscient de ce que vous dites et de ce que vous faites.
- Vous ne prenez aucune drogue (éventuellement la cigarette).

- Vous pouvez atteindre l'orgasme lors d'une relation sexuelle (si vous êtes une femme). Ce qui veut dire que vous êtes capable de vous laisser complètement aller lorsque vous êtes en confiance !
- Vous prenez le temps d'enseigner à autrui (un stagiaire, une secrétaire, vos enfants) afin que ceux-ci ne soient pas dépendants de vous dans l'exécution de leurs tâches.
- Vous aimez connaître le programme d'un voyage, d'une journée ou d'un séjour organisé, non pour contrôler, mais pour vous organiser en conséquence : choisir les vêtements, les accessoires et les produits appropriés, mais également pour avoir des points de repère.
- Vous détestez qu'on vous emmène quelque part par surprise (soirée, voyage, etc.) en vous laissant totalement dans l'ignorance de ce qui vous attend. Cela vous donne l'impression que l'on contrôle votre vie sans vous laisser le choix. En revanche, vous pouvez tout à fait supporter que l'on organise votre anniversaire à votre insu.

MANQUE DE RECONNAISSANCE

Chaque individu, depuis sa plus tendre enfance, tend à rechercher l'amour, l'affection et, tout au moins, la reconnaissance de son existence par ses parents. Je crois que si certains d'entre vous ont coché MANQUE DE RECONNAISSANCE en contre-valeur, c'est que, justement, on ne vous a pas reconnu pour ce que vous êtes et que vous ne le supportez plus !

Le problème est qu'en l'absence de signes de reconnaissance, la personne devient hypersensible et a tendance à élaborer des interprétations erronées. Par exemple, si votre employeur ne vous félicite pas ou ne vous remercie pas régulièrement et explicitement (de vive voix) pour la qualité de votre travail, vous aurez peut-être tendance à penser qu'il ne remarque pas vos efforts, qu'il est indifférent et même qu'il a des critiques à formuler mais qu'il n'ose pas les exprimer !

- Vous êtes très sensible aux compliments. Ce qui, hélas, ne signifie pas que vous les assumez en les intégrant joyeusement et que vous remerciez les gens pour leur appréciation.
- Vous êtes très sensible aux remerciements.
- Vous êtes troublé lorsque les compliments, les félicitations et les remerciements que vous espériez ne viennent pas. Cela vous reste en travers de la gorge et vous éprouvez du ressentiment.
- Vous pouvez d'ailleurs un jour exploser de colère par frustration.
- Vous êtes capable d'agresser verbalement une personne qui ne vous a pas donné suffisamment de preuves de gratitude. Par exemple : « Vous ne m'avez jamais appelée pour me dire que vous étiez contente de votre ménage ! Vous êtes toujours insatisfaite ! Si le ménage que je fais ne vous convient pas, il faut changer de femme de ménage ! »
- Sans le réaliser, vous attendez des marques de gratitude ou de reconnaissance là où habituellement on n'en manifeste pas.
- Vous n'êtes pas rationnel dans vos attentes. Pourtant vous êtes convaincu qu'elles sont légitimes.
- Vous avez sûrement un manque de confiance en vous.
- Vous avez besoin que les autres évaluent votre travail, votre personnalité, votre utilité, vos qualités plutôt que de vous appuyer sur votre propre jugement.

MANQUE DE RESPECT

Si pour vous le MANQUE DE RESPECT est une contre-valeur, elle s'applique à toutes les situations quotidiennes et non pas seulement à vous. Ainsi, vous ne supportez certes pas que l'on vous manque de respect mais vous ne supportez pas non plus que l'on manque de respect envers les autres, envers leurs possessions et même envers les codes et les règles sociales justes.

Si vous avez MANQUE DE RESPECT en contre-valeur :

- Vous n'obéissez pas scrupuleusement aux règles si vous ne les trouvez pas pertinentes.
- Malgré cela, vous ne supportez pas que quelqu'un privilégie ses besoins (envies) personnels à votre détriment, par exemple, qu'une personne se stationne en double file pour acheter « vite fait » un paquet de cigarettes, quitte à créer un embouteillage derrière son véhicule. Attention, si vous avez réellement cette contre-valeur, cela signifie que vous n'avez jamais ce genre de comportement vous-même.
- Vous détestez les gens dits mal élevés qui veulent satisfaire leurs *desiderata* sans se préoccuper des autres et qui ont des attitudes méprisantes, outrageantes voire insultantes.
- Vous pouvez devenir agressif (jusqu'à en venir aux coups pour certains d'entre vous) si on vous manque de respect, si on vous insulte ou si on insulte un membre de votre famille.
- Si on vous manque de respect au travail ou en famille, vous ne pouvez pas accuser le coup en silence : vous exprimez votre désaccord immédiatement, vous devenez violent ou, pour ne pas perdre totalement le contrôle, vous partez sur le champ.
- Vous ne pardonnez pas le manque de respect à votre égard.

MÉDIOCRITÉ

La contre-valeur MÉDIOCRITÉ conduit au rejet de tout ce qui est médiocre : une ambiance, un lieu, une odeur, un tissu, une personne, un goût et, bien entendu, un cadre visuel.

Tous les véritables esthètes détestent la médiocrité, même si leur attention se fixe davantage sur leur environnement visuel. Attention, si vous ne supportez pas la médiocrité, cela ne veut pas nécessairement dire que vous êtes par ailleurs un véritable esthète. C'est la raison pour laquelle nous allons tout de suite décrire en quoi consiste la contre-valeur MÉDIOCRITÉ :

- Vous détestez tout ce qui se situe au-dessous de la moyenne, ce qui ressemble à du laisser-aller.
- Vous appréciez votre haut standard d'exigences et vous enseignez « le bon goût » à vos enfants.
- Vous préférez l'original à la copie. Si vous ne pouvez vous offrir un objet authentique, la copie doit être d'excellente conformité.
- Vous aimez la beauté (en tout).
- Vous recherchez le raffinement chez les êtres et dans votre environnement.
- Vous n'êtes pas satisfait du minimum. Vous aimez le goût des bons fruits frais, du « vrai » fromage, le confort d'un bon et beau canapé, la musique de « vrais » musiciens, bref, vous choisissez de bons produits, même s'ils sont plus onéreux.
- Vous n'hésitez pas à payer davantage pour gagner en qualité. Selon votre budget, vous choisissez les bonnes adresses de restaurants, d'hôtels, les beaux quartiers, des lieux de vacances enchanteurs, de bonnes pâtisseries, etc.
- Vous êtes plus épicurien qu'esthète au véritable sens du terme.
- Vous avez beaucoup de mal à tolérer les gens médiocres à vos yeux. Vous les fuyez. Leur apparence non soignée ou leur attitude bornée, mesquine ou peu intelligente, voire leur manque d'éclat et d'intérêt vous met très mal à l'aise. Vous redoutez leur contact à cause de l'ennui que vous ressentiriez vraisemblablement en leur présence, mais surtout parce que vous avez peur qu'on vous confonde avec eux si vous vous trouvez au même endroit.
- Vous êtes sensible, dans vos choix de relations et d'amis, à leur niveau socioéconomique, à leur richesse intérieure et intellectuelle ou encore à leur originalité.

- Vous ne côtoyez pas les gens qui ne vous intéressent pas, qui n'ont pas un bon niveau socioéconomique ou socioculturel, qui ne se présentent pas bien ou qui vous semblent médiocres.

Si vous êtes capable d'acheter et de consommer des produits bas de gamme à moindre prix (premier critère) ou de côtoyer des personnes d'éducation moyenne, c'est que vous n'avez pas la contre-valeur MÉDIOCRITÉ. Vous n'aimez peut-être pas la médiocrité mais vous la supportez !

- MISÈRE

Une contre-valeur est un état ou un sentiment que l'on redoute au point de ne pas le vivre. Il ne s'agit pas d'un simple malaise, car voir la misère en face est désagréable pour la plupart des gens. Il y a de fortes chances que vous soyez convaincu de ne pas aimer la misère, et vous avez raison. Mais êtes-vous capable tout de même de la supporter ?

Si vous ne la supportez absolument pas, voici comment cela se manifestera dans votre quotidien :

- Vous associez misère et pauvreté.
- Vous ne *supportez* pas la misère. Vous paniquez s'il ne vous reste que quelques sous en poche. La pauvreté est une composante de la misère. Dans votre esprit, la première est une prémisse de la seconde.
- Vous ne supportez pas la perspective de la misère pour vous (ce qui n'arrivera donc pas !) ni pour les autres.
- La misère d'une famille, d'une personne, d'un peuple ou d'un pays vous bouleverse.
- Vous évitez de trop y penser ou, au contraire, vous contribuez financièrement à une fondation caritative.
- La saleté, le manque d'hygiène, le mauvais goût, les vêtements sales et déchirés ou mal reprisés, une alimentation pauvre, la

mauvaise qualité des objets ou des meubles, les mauvaises odeurs, les quartiers délabrés et mal famés, les soûlards et les drogués représentent pour vous diverses manifestations de la misère.

- Vous évitez d'aller dans certains pays pour ne pas être témoin de la misère de leurs habitants.
- Vous vous débrouillez pour ne jamais vivre dans la misère ni même la côtoyer.
- Vous ne faites pas de bénévolat *en personne* pour les miséreux ; en revanche, vous pouvez contribuer financièrement à des œuvres caritatives ou organiser des galas de charité.
- Vous gagnez bien votre vie afin d'obtenir tout le confort et l'hygiène nécessaires, et vous assurer que vous ne manquerez de rien. Autrement dit, vous faites tout pour ne pas être pauvre !
- Si vous n'avez pas assez d'argent pour vivre aussi aisément que vous le rêvez, vous faites en sorte de ne pas le ressentir au quotidien comme un manque insupportable ni comme un état de pauvreté.
- Même peu argenté, vous faites en sorte d'habiter dans un environnement bourgeois et vous trouvez des moyens pour aménager votre intérieur avec de jolies choses. Idem pour vos vêtements et vos accessoires. Cela peut même aller jusqu'au choix d'une voiture haut de gamme, mais que vous réglez à crédit. Tout pour ne pas vous rappeler que nul n'est à l'abri de la misère et de la pauvreté, et donc, vous non plus !

Si vous affirmez ne pas supporter la misère, c'est que vous êtes incapable de la côtoyer **volontairement**. Vous ne pouvez pas concevoir d'y être confronté chaque jour. Vous ne pouvez pas choisir certains métiers comme assistante sociale ou médecin des pauvres. Vous ne ferez pas de bénévolat auprès des sans-abri, des drogués, des prostituées ou des paumés qui errent dans les rues glauques de la ville. Si vous habitez et travaillez en ce moment dans un pays pauvre ou en voie de développement, vous avez évidemment choisi une villa ou un appartement dans une résidence protégée, vous avez une voiture sécuritaire avec air conditionné (les fenêtres fermées empêchent de ressentir pleinement l'ambiance d'un lieu) et, si vous faites vous-même vos courses, vous fréquentez un supermarché à l'occidentale plutôt que le marché local.

Paradoxalement, **ne pas supporter la misère n'implique pas que l'on donne de sa personne pour l'éradiquer**. Souvent, lorsqu'on passe à l'action et qu'on va sur le terrain pour aider des gens qui vivent misérablement, c'est que nous avons des valeurs comme AIDE AUX AUTRES, JUSTICE, UTILITÉ ou des contre-valeurs telles que MANQUE DE RECONNAISSANCE, CULPABILITÉ, REJET/EXCLUSION.

PERTE DE TEMPS

Il y a une légère différence entre «ne pas aimer» perdre son temps, qui est l'expression d'une gêne assez légère, et «détester» perdre du temps qui est l'expression d'une aversion totale. Dans ce dernier cas, il s'agit plutôt d'un sentiment pénible et presque insupportable. **Tel que nous l'avons mentionné plus tôt, les contre-valeurs représentent ce que l'on ne supporte pas au point de ne pas le vivre.** Il arrive pourtant que certaines situations hors de notre contrôle nous fassent perdre du temps, et nous n'en mourons pas! Donc, finalement, c'est supportable, vivable, même si certains d'entre nous trouvent cela excessivement pénible. C'est en ce sens que nous devons comprendre le terme «insupportable» appliqué aux contre-valeurs.

Prenons un autre exemple: si vous avez la contre-valeur FRUSTRATION, c'est que normalement vous ne la vivez pas. À bien y regarder, cela est faux. Les situations génératrices de frustrations sont objectivement observables dans la vie de chacun. En effet, dès qu'une chose n'arrive pas tel que prévu ou qu'espéré, il s'agit d'une situation frustrante. Le «sentiment» de frustration qui en découle semble supportable pour les uns et insupportable pour les autres. Le plus important, pour comprendre des contre-valeurs telles que PERTE DE

TEMPS, FRUSTRATION ou encore SOLITUDE, est de distinguer le *fait* du *sentiment* éveillé par l'interprétation de ce fait. Il arrive souvent que vous ayez FRUSTRATION en contre-valeur lorsque vous avez également coché à la fois PERTE DE TEMPS en contre-valeur et EFFICACITÉ en valeur. Est-ce votre cas ?

Comment se manifeste la PERTE DE TEMPS en contre-valeur ?

- Vous ne perdez pas une minute.
- Vous vous organisez pour ne jamais perdre de temps. Vous fuyez donc toute occasion de le gaspiller.
- Si vous semblez perdre du temps objectivement, vous vous débrouillez pour ne pas avoir la sensation d'en perdre ! Quand vous avez un temps mort, vous le remplissez. Par exemple, vous avez de la lecture toujours prête dans votre sac ou dans votre poche afin de supporter l'attente à un guichet, au cinéma si vous y allez seul, dans un transport en commun, etc. ; Vous dormez dans un train, un métro, un bus ou un avion, mais uniquement pour rattraper du sommeil ; si vous décidez de ne rien faire, vous regardez avec attention et curiosité ce qui vous entoure, dans l'esprit de « découvrir des choses » tout en vous reposant.
- Vous êtes à l'heure à vos rendez-vous.
- Si vous êtes pris au dépourvu à l'annonce d'un retard que vous ne pouviez pas anticiper (un rendez-vous, une réunion, une formation, un départ d'avion, etc.), vous avez l'impression qu'on abuse de votre précieux temps et que vous auriez pu faire autre chose de plus important si on vous avait prévenu plus tôt. Puis, en quelques secondes, vous optimisez au mieux cette situation que vous ne pouvez pas changer d'un coup de baguette magique : vous lisez, vous téléphonez, bref, vous faites tout pour vous aider à supporter l'attente.
- Si vous n'êtes pas prévenu d'un retard lors d'un rendez-vous et que cela vous fait perdre votre temps, vous êtes très irrité et en colère, et vous l'exprimez. Si vous n'êtes pas assez affirmé pour exprimer clairement votre désagrément, il vous arrive de faire la tête.

- Vous faites plusieurs choses à la fois.
- Même aux toilettes, vous êtes capable de lire votre courrier !
- Vous marchez vite, vous mangez vite, vous parlez vite, vous écrivez vite et en abrégé ; vos appels téléphoniques sont brefs et vous allez droit au but, éliminant d'ailleurs les fausses politesses.
- Vous pouvez avoir la sensation que vous n'avez pas assez de 24 heures dans une journée, mais aussi que la vie est vraiment trop courte.
- Vous ne cessez d'encourager vos enfants, que vous trouvez trop lents pour tout, à se dépêcher en leur disant : « Vite, vite, vite ! », « Allez ! Allez ! » ou « Allez, hop ! » et bien sûr « Allez ! Dépêche-toi ! » Le minimum étant deux répétitions consécutives !
- Contrairement aux hyperactifs véritables, incapables de rester en place, vous savez prendre votre temps pour apprécier ce que vous voulez garder en mémoire sensorielle. Vous pouvez prendre deux heures pour faire l'amour, vous maintenir 30 à 45 minutes en méditation ou en relaxation, vous faire bronzer sur un transat, rester quatre heures à table si les conversations et les convives sont sympathiques, etc.
- Vous n'êtes pas nécessairement efficace ! (Sauf si vous avez l'EFFICACITÉ en valeur).
- Vous n'êtes pas nécessairement ordonné (ce qui est différent d'être organisé). Pourtant, celui qui ne veut pas perdre de temps à chercher ses affaires devrait en toute logique les ranger correctement. Or, il n'a pas toujours le temps ! Il peut tout laisser en plan : ses vêtements éparpillés aux quatre vents, la vaisselle sur la table ou en vrac dans la cuisine, les classeurs ouverts, etc.
- Finalement, ne jamais vouloir perdre de temps en aucune circonstance devient un jeu, obsessionnel certes, mais qui ne vous demande aucun effort !

Si vous avez le binôme EFFICACITÉ/PERTE DE TEMPS vers le haut de votre hiérarchie, vous en retirerez de grands bénéfices pendant trois à quatre décennies. Vous êtes donc super efficace, rapide, fiable, compétent, très motivé, très dynamique et vous réussissez.

Si vous avez uniquement PERTE DE TEMPS en contre-valeur mais que vous n'avez pas EFFICACITÉ en valeur ni même en qualité, vous êtes comme le hamster qui tourne interminablement dans sa roue sans jamais aller nulle part ! Vous courez davantage de risques d'échouer (sauf si vous avez des associés, des collaborateurs ou un conjoint efficace). Vous ne voyez pas où le bât blesse. Vous dites souvent : « Pourtant, je n'arrête pas ! Je cours partout ! » Ou bien encore « Tu sais quoi ? Je n'ai pas vu mes enfants depuis 15 jours tellement je cours sans arrêt, que je travaille comme un fou ! » Vous gagnez votre vie à la perdre.

Ce qui risque de vous arriver vers l'âge de 45 ou 50 ans, si vous continuez à ce rythme-là, c'est ce qu'on appelle maintenant le « *burnout* » ! Il s'agit d'un épuisement professionnel lié à une énorme somme de travail ou à une accumulation de missions et de projets qui doivent être accomplis dans un laps de temps limité (vous manquez toujours de temps).

Il se peut même que vous ayez déjà souffert de *burnout* auparavant. Mais celui-là, c'est le bon ! Même si vous avez l'EFFICACITÉ en valeur de l'autre côté, la course après le temps a fini par vous épuiser ! Alors, en quelques mois, vous décidez que votre temps de vie sur Terre sera ce qu'il sera et qu'il vous faut absolument ralentir. « Profiter de la vie », vous dites-vous étrangement, car auparavant vous justifiiez votre course continuelle pour la même raison ! Il n'empêche que lorsque la contre-valeur PERTE DE TEMPS finit par vous épuiser au mitan ou à la fin de votre vie, elle peut dégringoler très vite dans votre échelle des priorités. Malheureusement, cette prise de conscience n'atteint pas chacun d'entre nous et pas toujours à temps !

REJET/EXCLUSION

Tout comme le manque de reconnaissance, le rejet et l'exclusion sont traumatisants pour le jeune humain. Les enfants qui ont été des boucs émissaires ne s'en remettent que très péniblement et longtemps après les événements, c'est-à-dire seulement parvenus à l'âge adulte. Si personne n'aime être exclu d'un groupe, d'une discussion, de certains événements, de la famille, cela ne veut pas dire que l'on ne peut pas *dépasser* ce sentiment pénible. C'est effectivement faisable pour l'adulte humain. Or, avoir REJET/ EXCLUSION en contre-valeur veut surtout dire que :

- Vous ne *supportez* pas d'être exclu ou rejeté.
- Vous faites donc tout pour ne pas l'être !
- Vous vous montrez gentil, conciliant, pas contrariant et vous êtes toujours d'accord avec le leader ou le groupe.
- Vous avez sûrement été blessé par le passé parce que vous avez été exclu d'un milieu que vous désiriez intégrer (votre propre famille, le milieu scolaire, une amitié importante à vos yeux, un groupe sportif, etc.).
- Vous ne critiquez personne ouvertement (de peur d'être un jour l'objet de critiques).
- Vous êtes sympathique apparemment. Vous n'êtes pas nécessairement très sociable, mais cela ne se remarque pas d'emblée (sauf pour les vrais timides).
- Si vous êtes fâché, vous ne le faites pas savoir clairement.
- Vous n'osez pas exprimer spontanément vos refus et vos préférences, de peur de contrarier le désir des autres. On vous entend souvent répondre « C'est comme tu veux », « Ça m'est égal », « Et toi ? Tu préfères quoi ? »
- Le groupe présente pour vous un facteur de risque supplémentaire d'être exclu. Votre suradaptation est au point : vous êtes très agréable, souriant et serviable. Ainsi, vous vous assurez que l'on vous estime, même si on connaît peu de chose de vous

(malheureusement, dans la réalité, on ne vous estimera pas nécessairement parce que vous êtes poli).

- Vous avez souvent des pensées du type « Est-ce qu'on va me trouver intéressant ? », « Ils vont voir que je n'ai rien à dire », « Je ne suis pas à la hauteur », etc.
- Lorsqu'il y a une dispute ou un conflit entre plusieurs personnes de votre entourage, vous ne vous en mêlez jamais pour ne pas avoir à prendre part pour l'un ou pour l'autre.
- Par ailleurs, vous avez probablement coché CONFLIT en contre-valeur.

RÉUSSITE

Il semble aberrant de ne pas supporter la RÉUSSITE, mais à l'instar de la contre-valeur BONHEUR, il arrive que la perspective de réussir éveille, et moins rarement qu'on ne serait porté à le croire, un sentiment d'angoisse et de culpabilité chez certaines personnes.

Lorsque l'autosabotage devient systématique et se manifeste dans presque tous les domaines, nous sommes en droit de chercher une réponse plausible du côté des contre-valeurs. Bien entendu, en tant que psychothérapeute, j'estime qu'il sera nécessaire, si vous découvrez en vous cette contre-valeur, de vous faire aider par des moyens purement thérapeutiques afin d'éliminer cette tendance. Voici une contre-valeur qui, même si nous souhaitons ne pas porter de jugement, ne facilite pas votre développement personnel.

- Vous ne réussissez pas à long terme à satisfaire vos ambitions.
- Vous pouvez même ne pas avoir d'ambitions.
- Vous êtes probablement un adepte de la procrastination (vous remettez vos tâches courantes à plus tard et vous ne rendez vos devoirs que sous la pression d'un délai échu).
- Vous ne faites pas vraiment ce que vous auriez aimé faire.

- Paradoxalement, vous n'avez pas nécessairement l'impression d'avoir échoué.
- Soit vous affirmez avoir réussi alors que ce n'est de toute évidence pas le cas aux yeux de votre entourage, soit vous tenez un discours récurrent négatif sur « ces gens qui croient réussir » (et qui réussissent en effet !), ces « gens pleins de fric », « ces exploiteurs », etc.
- Vous ne gagnez pas beaucoup d'argent.
- Votre logement n'est pas le reflet de ce que vous mériteriez à votre âge et après tant d'années de travail. En tant qu'étudiant, un studio suffit. À 40 ans et plus, vous êtes en droit de vous offrir plus d'espace et de confort et pourtant, vous ne vous en donnez pas les moyens.
- Vous pouvez être amer vis-à-vis des gens qui réussissent ou qui ont de l'argent. La plupart du temps (pas toujours), vous les évitez. Parfois, vous les agressez avec des remarques acerbes.
- Si vous vous rendez compte de votre manque de propension à la réussite, soit vous souhaitez comprendre pourquoi et vous entamez une thérapie, par exemple, soit vous avez tendance à l'expliquer en mettant la faute à « pas de chance » depuis le début de votre vie : « Je suis une enfant unique adoptée », « Je n'ai pas eu de parents aimants », « Mes parents étaient ouvriers », etc.
- Votre difficulté à assumer une réussite visible peut tenir d'une culpabilité inconsciente à surpasser certains membres de votre famille, à « trahir » votre milieu d'origine, à vous croire « profondément mauvais », etc.[8]

8. Lire l'excellent ouvrage *Ces gens qui se culpabilisent* de Lewis Engels et Tom Fergusson aux Éditions de L'Homme.

ROUTINE

Si vous avez coché AVENTURE ou LIBERTÉ dans le tableau des valeurs (voir page 37), et ROUTINE en contre-valeur, il se peut que votre attitude générale soit plutôt liée à votre aversion pour tout ce qui ressemble au train-train quotidien.

- Un jour ne doit pas ressembler à un autre.
- Faire les mêmes trajets, effectuer les mêmes tâches, avoir les mêmes horaires chaque jour de la semaine vous donne l'impression d'être emprisonné dans un cycle fermé et vous angoisse.
- La routine crée chez vous un fort sentiment d'ennui.
- Faire les mêmes choses, visiter les mêmes personnes chaque fin de semaine en obéissant au même rituel (aller chez vos parents chaque dimanche midi par exemple), vous angoisse et vous donne le sentiment de ne pas avoir le contrôle de votre vie.
- Il est indispensable que vous changiez de petites choses au quotidien pour avoir une certaine impression de liberté.
- Vous aimez tester des itinéraires pour le simple plaisir d'en changer et de découvrir celui qui finalement vous semble le meilleur.
- Vous avez certaines habitudes et rituels, comme tout le monde, notamment pour vous préparer le matin, mais vous aimez tester et changer de produits ou de marques jusqu'à ce que vous ayez trouvé ceux qui vous conviennent parfaitement.
- Voyager est pour vous une façon de ne pas « étouffer » au même endroit.
- Vous aimez vous donner l'impression d'avoir plusieurs possibilités.
- Si votre conjoint est casanier, vous le bousculez dans son train-train. S'il y a trop de résistance et de disputes, vous finirez par le quitter (plus ou moins rapidement selon que vous avez la valeur SÉCURITÉ AFFECTIVE ou la contre-valeur SOLITUDE).
- Vous avez plusieurs activités professionnelles et de loisirs.

- Vous êtes agacé lorsque vous vous sentez forcé de serrer la main ou d'embrasser vos collègues de travail *tous* les matins.
- Vous êtes exaspéré de constater « l'état d'esclavage » des personnes dépendantes de leurs habitudes (repas à heures fixes, mêmes émissions de télévision, etc.).
- Au restaurant, vous testez les différents mets au menu et ce n'est que lorsque vous avez presque tout goûté que vous vous octroyez le plaisir de choisir chaque fois ce que vous préférez.

Ce n'est pas parce que vous détestez la routine que vous devenez soudain un véritable aventurier ! Vous n'avez donc pas nécessairement de l'autre côté la valeur AVENTURE. N'en déplaise à ceux qui auraient aimé ressembler à Indiana Jones...

RUPTURE

Si vous avez coché les valeurs LOYAUTÉ et/ou FIDÉLITÉ demandez-vous si l'attachement que vous démontrez en général ne serait pas plutôt une intolérance aux ruptures.

Si vous avez RUPTURE en contre-valeur, cela signifie que vous ne supportez pas les ruptures et donc que vous les évitez. Cela signifie également que :

- Tous les départs de ceux que vous aimez vous mettent mal à l'aise ou vous angoissent. Vous pouvez vous mettre à les fuir ou devenir soudain désagréable. Dans ce cas, ce n'est pas volontaire, mais il s'agit plutôt d'une manifestation d'anxiété.
- Les départs vous rendent triste après coup.
- Chaque conflit direct éveille la crainte d'une rupture définitive. Vous fuyez les conflits.
- Vous ne rompez pas radicalement avec d'anciens amis, même s'ils sont devenus toxiques. Ce type de « nettoyage », bien naturel au cours d'une vie, ne s'imposera à vous qu'après plusieurs décennies.

- La mort d'un ami ou d'un membre de la famille est terrifiante, du simple fait qu'il s'agit d'une rupture définitive.
- Vous pouvez tromper votre conjoint mais pas divorcer ni vous séparer !
- Vous avez du mal à déménager, à changer d'habitudes, de manière de vivre.
- Dans votre esprit, la rupture représente une situation brutale et sans équivoque, que vous associez à une véritable cassure. Cette représentation, même irrationnelle, est trop puissante et trop angoissante pour que vous vous risquiez à la provoquer. En revanche, vous pouvez la subir (quand on rompt avec vous) et, dans ce cas, vous êtes confronté à la solitude (la supportez-vous ?). Paradoxalement, si vous décidez tout de même d'interrompre une relation ou de mettre un terme à une situation dans laquelle vous vous êtes engagé, vous éprouverez probablement un autre sentiment qui vous est désagréable (ou intolérable ?), l'échec.

SOLITUDE

Si la description de la valeur AMITIÉ (ou même SÉCURITÉ AFFECTIVE) ne vous correspond pas totalement, il est possible que votre besoin d'être entouré résulte d'une peur profonde de vous *sentir* seul et plus tard *d'être* seul.

Dans ce cas, vous avez peut-être la contre-valeur SOLITUDE :

- Vous êtes particulièrement mal à l'aise quand vous passez une soirée de fin de semaine seul chez vous. Surtout le samedi soir !
- Vous n'êtes pas seul.
- Seul, vous vous sentez anxieux, triste ou déprimé.
- Les fins de semaine, vous vous débrouillez pour prévoir des activités avec des gens, du vendredi au dimanche. Ainsi, vous évitez de ressentir de l'anxiété à la perspective d'être seul.

- Ces personnes ne sont pas nécessairement des amis. Il peut s'agir de voisins, de partenaires de bridge ou de randonnée, de gens qui suivent le même cours de danse ou la même formation que vous.
- Vous faites toujours plein de choses, mais quasiment jamais seul (sorties au resto, expositions, cinéma, jardinage, bricolage, promenades, vacances, soirées à la discothèque).
- Paradoxalement, il vous arrive de vous plaindre de ne pas avoir de longs moments à vous, c'est-à-dire, seul.
- Si vous êtes seul un soir ou une journée, vous téléphonez tout de même à quelqu'un pour faire la conversation.
- En amour, vous êtes dépendant affectif. Il se peut que vous tombiez sur un «bras cassé» mais qu'importe, du moment que vous n'êtes plus seul.
- Vous croyez, consciemment ou non, que si vous êtes seul aujourd'hui, vous le serez encore demain. La perspective de vivre en célibataire dans le futur vous torture l'esprit. Vous êtes convaincu qu'on ne peut être heureux qu'à deux. Passé l'âge de 60 ans, sans amour stable, il est fort possible que vous ne vous attendiez plus à tomber amoureux.
- Vous pouvez changer d'amis et de relations amicales. Sont-ils vraiment dans votre cœur ce que vous prétendez qu'ils sont? Votre véritable but est de ne pas ressentir la solitude.
- Au fait, vos «amis» ne savent pas tout cela!

SOUFFRANCE

Paradoxalement, vouloir échapper à toute souffrance ne signifie pas que l'on fait tout ce qu'il faut pour avoir une santé de fer! Cette contre-valeur n'est donc pas à mettre en parallèle avec la valeur SANTÉ. Elle se rapprocherait davantage de la valeur BIEN-ÊTRE. Cependant, la contre-valeur SOUFFRANCE et la valeur BIEN-ÊTRE ne se situent pas, selon moi, sur le même plan. Le rejet de toute forme de souffrance, incluant la douleur physique, se place à un niveau du besoin de base qui consiste à préserver son équilibre physiologique. La recherche active du bien-être, elle, se situe au niveau des besoins d'estime. Une chose est sûre, si vous avez cette aversion fondamentale, vous ne serez jamais masochiste !

- Vous êtes efficace afin de ne pas souffrir intensément ni pendant longtemps !
- Vous acceptez l'idée de tomber malade à l'occasion, mais vous refusez de souffrir longtemps. Vous prenez donc rapidement les potions magiques qui vous remettent sur pied efficacement.
- Vous ne supportez pas la souffrance mentale non plus (sauf si votre contre-valeur est SOUFFRANCE PHYSIQUE et non SOUFFRANCE).
- Vous trouvez des moyens rapides et efficaces pour éliminer les sentiments et les émotions négatives comme l'anxiété, la tristesse, la dépression, la frustration, la colère et la culpabilité. Non pas que vous ne ressentiez jamais ces émotions bien naturelles au cours de la vie, mais vous y échappez par des moyens affinés en quelques minutes, en quelques heures ou en quelques jours, selon la gravité de la situation.
- Vous pouvez repousser une intervention médicale, chirurgicale ou dentaire rien qu'à l'idée d'une quelconque souffrance physique.
- Si vous êtes une femme, votre peur d'accoucher peut provenir de l'anticipation d'une douleur insupportable. Vous auriez alors recours à l'anesthésie péridurale.
- En cas d'intervention prévue quelque peu douloureuse, vous demandez une anesthésie locale ou générale ; ou dans d'autres cas (comme l'épilation à la cire) vous trouvez des subterfuges pour limiter la douleur (bavardages, lecture).
- Si vous attrapez un coup de soleil le lundi, premier jour de vos vacances, vous allez vous mettre à l'ombre le mardi !
- Vous ne supportez pas de voir un humain ou un animal souffrir. Soit vous êtes actif pour diminuer cette douleur, soit vous fuyez cette vision.

- Vous êtes incapable d'infliger une douleur physique à autrui. Ce qui implique que vous pourriez refuser de faire une injection, de percer un abcès, de retirer une écharde profonde, d'épiler quelqu'un à la cire, etc.

Il vous est très pénible de mettre fin à une souffrance (la vôtre ou celle d'un autre) par une intervention douloureuse. En cas d'urgence, vous utiliserez une méthode rapide et directe (en fermant les yeux peut-être !) pour ne pas laisser la paralysie vous envahir.

STRESS

Cette contre-valeur est assez rare. Rappelez-vous qu'une contre-valeur signifie qu'on ne la supporte pas et donc qu'on ne la vit pas. Autrement dit, cela signifie que vous n'êtes jamais stressé. Il y a des personnes qui se coupent de leurs émotions pour y parvenir ou qui prennent le large (en s'échappant sur une île au soleil, par exemple) dans l'espoir de trouver la quiétude définitive. En réalité, c'est l'arrêt du stress et des soucis que vous recherchez dans ce cas.

- Vous ne supportez pas le stress.
- Vous n'êtes pas stressé.
- Vous faites en sorte de vivre une vie rodée et régulière, avec un minimum de surprises, afin de ne pas vous sentir stressé.
- Vous n'aimez pas beaucoup les changements à cause du stress qu'ils impliquent.
- Vous semblez dénué d'émotions, du moins vous les trouvez étrangement édulcorées.
- Vous vous sentez neutre face aux éléments négatifs de votre environnement, aux mauvaises nouvelles, aux remarques qu'on vous fait, etc.

- Cette neutralité émotionnelle vous préserve d'un côté, mais elle vous trouble et vous conduit à vous poser des questions lorsque vous comparez vos réactions à celles des autres.
- Votre visage et votre corps expriment probablement peu vos vrais sentiments, même les plus positifs. Votre visage est particulièrement neutre.
- C'est comme si vous aviez, à votre insu, neutralisé un maximum d'émotions pour ne pas souffrir (ou ne *plus* souffrir ?).

■ TRAHISON

Personne n'aime être trahi ou trompé. Cela ne signifie pas que nous prenions tous des mesures radicales voire coercitives en cas de trahison. Seules les personnes qui ont la contre-valeur TRAHISON le font. Si vous êtes concerné, vous avez tendance à interpréter chaque manquement d'autrui comme un signe de mensonge, d'omission volontaire et, malheureusement, de trahison.

- Vous attendez de votre conjoint, de vos amis, de votre famille ou de tout autre groupement auquel vous êtes loyal, un échange sincère et droit.
- Tout manquement à une promesse grave, à un engagement significatif à vos yeux est synonyme de trahison.
- Vous ne pardonnez aucune forme de trahison ni envers vous ni en général (par exemple celle d'un chef d'État).
- La découverte d'une trahison engendre chez vous une très grande colère.
- Vous décidez radicalement d'une séparation, donc d'une rupture de lien, après la découverte d'une trahison. Si cette situation se produit au travail, vous ferez de l'évitement ; vous prendrez nettement vos distances. Vous cesserez du jour au lendemain de vous impliquer. De la colère, vous passerez progressivement à

un état de déprime. Il vous faut alors changer rapidement de collaborateurs, de société ou de lieu de travail.

- Vous ne faites plus jamais confiance à la personne (à un parti politique ou une autre organisation) en cas de tromperie, de dissimulation, de mensonges, de tricherie ou de vol. Vous détestez vous sentir dupé.
- La cassure immédiate du lien vous bouleverse mais vous maintenez votre décision.
- La découverte que votre conjoint a une maîtresse ou un amant justifie pour vous une demande de divorce ou une séparation (si vous n'êtes pas marié).
- En cas de trahison confirmée, vous pouvez même élaborer des stratégies de vengeance.
- Une seule trahison suffit pour déclencher les réactions ci-dessus.
- Vous ne pouvez pas avoir RUPTURE en contre-valeur, car cela signifierait que vous ne supportez pas la rupture, et donc, que vous l'évitez. Or, si vous avez la contre-valeur TRAHISON, l'intensité de votre réaction dans le cas d'une déloyauté est extrême et provoque justement la rupture.
- Vous avez probablement l'une des valeurs suivantes dans votre hiérarchie : HONNÊTETÉ, AUTHENTICITÉ, INTÉGRITÉ, FIDÉLITÉ, LOYAUTÉ. Ce qui ne veut pas nécessairement dire, si l'une de ces valeurs est prioritaire, que vous avez TRAHISON en contre-valeur.

VIEILLESSE

Se sentir vieillir c'est perdre sa force, sa vitalité et l'apparence de sa jeunesse en prenant de l'âge. Si vous supportez très mal ce changement, il se peut que vous ayez la contre-valeur VIEILLESSE. En voici les caractéristiques :

- Vous ne supportez pas les signes de la vieillesse.
- Vous vous habillez de façon beaucoup plus jeune que votre âge.
- Vous avez besoin de plaire en étant attrayant.
- Vous êtes vêtu de façon sexy. Par exemple, vous portez des pantalons serrés à taille basse alors que vous avez plus de 50 ans. Vous faites en sorte que l'on puisse voir votre nombril (pour les femmes minces). Vos chemisiers restent suffisamment ouverts pour qu'on puisse apercevoir votre soutien-gorge à dentelle. Bien entendu, si vous êtes un homme, votre façon d'avoir l'air sexy se manifeste autrement!
- Vous utilisez de nombreuses crèmes afin de cacher vos rides ou votre peau vieillissante.
- Paradoxalement, vous adorez être très bronzé (c'est mauvais pour la peau, vous le savez, mais vous êtes tellement plus beau!).
- Vous ne révélez pas votre âge. Une question à ce sujet vous met mal à l'aise.
- Vous avez plutôt tendance à vous entourer de gens beaucoup plus jeunes que vous.
- Si vous avez des enfants, vous aimez être apprécié de leurs amis. Subtilement, vous essayez de leur ressembler. Il est très important pour vous de rester une «jeune» maman ou un «jeune» papa aux yeux de vos propres enfants et de leurs amis.
- Vous avez du mal à accepter de devoir porter des lunettes, si tel est le cas, après 40 ans. Vous vous débrouillez à ce moment-là pour porter plutôt des lentilles. Vos amis ne vous voient que très rarement porter vos lunettes de lecture et vous pouvez même éviter de les utiliser lorsque vous avez à lire en présence d'autrui (au restaurant, par exemple).
- Les effets de l'usure de votre organisme (faiblesse musculaire, rhumatismes, arthrite, problèmes cardiaques, etc.) sont soigneusement cachés à votre entourage.
- Les problèmes de santé vous font peur et vous tentez de les prévenir par une alimentation saine, la prise de nutriments ou de vitamines complémentaires, de boissons bénéfiques et par l'exercice physique.

Vous pouvez constater que le signe le plus évident de la contre-valeur VIEILLESSE est l'obsession de toujours vouloir paraître jeune à vos yeux et aux yeux des autres.

Cette description précise heurte parfois ceux et celles qui s'y reconnaissent un peu. La nature même de cette contre-valeur n'est effectivement pas propice à l'acceptation totale de la réalité lorsque celle-ci devient déplaisante. Démontrer qu'on n'accepte pas le vieillissement n'est pas en soi très valorisant. Cela peut être interprété comme une difficulté à s'assumer. Relisez cette description, sans personne autour de vous pour écouter vos réponses.

Cependant, sachez que si les gens de votre entourage (bienveillant) vous reconnaissent dans ces manifestations, contrairement à vous, il y a de fortes chances pour qu'ils aient raison !

À quoi sert la découverte de vos contre-valeurs ?

Cette recherche des contre-valeurs est très nouvelle pour le lecteur, et probablement même pour des professionnels de la psychologie. Cette notion est issue des travaux se basant sur l'approche de la programmation neurolinguistique (PNL). Le jargon de cette discipline est assez inaccessible au commun des mortels, et donc, au lecteur. Je ne rentrerai volontairement dans aucune explication théorique qui risquerait d'apporter beaucoup de confusion dans votre esprit. Je m'applique à simplifier d'une part, et à vous apporter mes propres découvertes et réflexions, d'autre part.

Quand nous parlons des valeurs, imaginez que *vous allez vers…* par besoin absolu de vivre certains sentiments positifs (à travers des situations notamment). Quand nous parlons des contre-valeurs, cela représente *ce à quoi vous voulez échapper* (puissants sentiments négatifs). Autrement dit, la recherche de la satisfaction des *valeurs* personnelles génère une **motivation** positive, alors que la découverte de vos contre-valeurs vous en apprend beaucoup sur vos **peurs**. Cela vous permet de **vous connaître sous un nouvel angle** mais aussi de :

- Savoir maintenant pourquoi vous évitez systématiquement certaines situations ou pourquoi celles-ci **provoquent de très fortes émotions**.
- À différencier puis à relativiser ce que vous croyiez jusqu'alors être des *besoins* indispensables. Prenons un exemple : Vous pouvez découvrir que vous n'éprouvez pas réellement le besoin de tout contrôler (valeur CONTRÔLE), mais que vous vivez très mal le MANQUE DE CONTRÔLE sur votre propre vie.
- À relativiser les critiques fausses (par exemple : « Tu veux toujours tout contrôler ! », alors qu'en fait c'est le manque d'information vous concernant qui vous rend anxieux). Une fois que vous pouvez faire la différence, vous argumentez mieux face à une critique exagérée ou fausse. Vous êtes capable d'expliquer la nuance.
- Comprendre que certaines contre-valeurs vous rendent la vie plus *difficile,* par exemple, la SOLITUDE et le REJET.
- Comprendre que certaines contre-valeurs vous rendent la vie plus *stressante,* par exemple, la PERTE DE TEMPS, l'INUTILITÉ, et le MANQUE DE CONFIANCE.
- Comprendre enfin que certaines contre-valeurs *ruinent votre vie* sans que vous l'ayez soupçonné, par exemple, le BONHEUR, la RÉUSSITE et l'ÉCHEC.
- Par ailleurs, vous permettre de **vous rassurer** sur l'existence d'un **système automatique d'évitement** des situations ou des personnes qui n'arrangent pas votre vie, par exemple, LE MALSAIN, l'INSÉCURITÉ FINANCIÈRE ET MATÉRIELLE, la MÉDIOCRITÉ, etc.
- Décider d'essayer de changer de comportement pour diminuer la force d'une contre-valeur qui présente un inconvénient à vos yeux.
- Réaliser que certaines contre-valeurs vous aident et que d'autres vous nuisent. Vous pouvez alors commencer à **appliquer des stratégies mentales pour confronter vos peurs**. Il va sans dire que l'accompagnement d'un thérapeute dit « cognitiviste » peut

vous aider davantage que si vous entreprenez cette démarche en solitaire. Des livres bien choisis peuvent également vous faire gagner beaucoup de temps et vous ménager beaucoup d'efforts[9]. L'existence de ce que l'on appelle des «schémas précoces inadaptés» peut aussi expliquer la présence d'une contre-valeur. Je vous recommande l'ouvrage de Janet S. Klosko et de Jeffrey Young, *Je réinvente ma vie*[10], et le livre de Stéphanie Hahusseau, *Comment ne pas se gâcher la vie*[11]. Vous y apprendrez comment des vécus infantiles traumatisants se marquent dans la mémoire affective et se réactivent par analogie à l'âge adulte. L'exemple du schéma «méfiance et abus» peut expliquer l'existence chez vous de la contre-valeur MANQUE DE CONFIANCE. Voici un autre exemple : le schéma «exclusion», qui réactive le sentiment d'être exclu et de ne pas être bienvenu, peut peut-être expliquer la présence de la contre-valeur REJET. Si c'est le cas, *l'approche intégrative* (autrement appelée la thérapie des schémas), qui implique une partie de remodelage du vécu émotionnel de «l'enfant blessé en nous», donne de bons résultats.

9. *S'aider soi-même*. Lucien Auger, Éditions de l'Homme.
10. *Je réinvente ma vie*. Jeffrey Young et Janet S. Klosko, Éditions de l'Homme.
11. *Comment ne pas se gâcher la vie*. Stéphanie Hahusseau, Éditions Odile Jacob.

CHAPITRE 5

Bilan personnel

Récapitulatif de vos valeurs et de vos contre-valeurs

Nous allons pouvoir clarifier vos découvertes à la date d'aujourd'hui et les inscrire sur vos hiérarchies des valeurs et des contre-valeurs.

Puisqu'il s'agit d'une hiérarchie, vous utiliserez la note que vous avez probablement déjà modifiée dans les deux premiers tableaux concernant l'ordre d'importance de vos valeurs. Cependant, vous pouvez toujours continuer à vous poser la question suivante : « Si j'ai le choix entre telle ou telle décision (qui correspond à une valeur), laquelle vais-je prendre en priorité ? » Vous devez vous poser cette question pour chaque valeur que vous avez finalement reconnue chez vous. La hiérarchisation des contre-valeurs est probablement beaucoup plus difficile à faire. Je pense qu'elle est moins importante que la hiérarchisation des valeurs. Ne vous inquiétez donc pas si vous ne réussissez pas à l'élaborer avec précision.

D'autre part, je vous propose de **mettre en parallèle l'échelle des valeurs passées et celle des valeurs actuelles.** Vous pourrez donc élaborer quatre échelles : celles de vos valeurs présentes et de vos valeurs passées, celles de vos contre-valeurs présentes et de vos contre-valeurs passées.

Échelle des valeurs présentes :

Date : ______________________

Prénom : ______________________

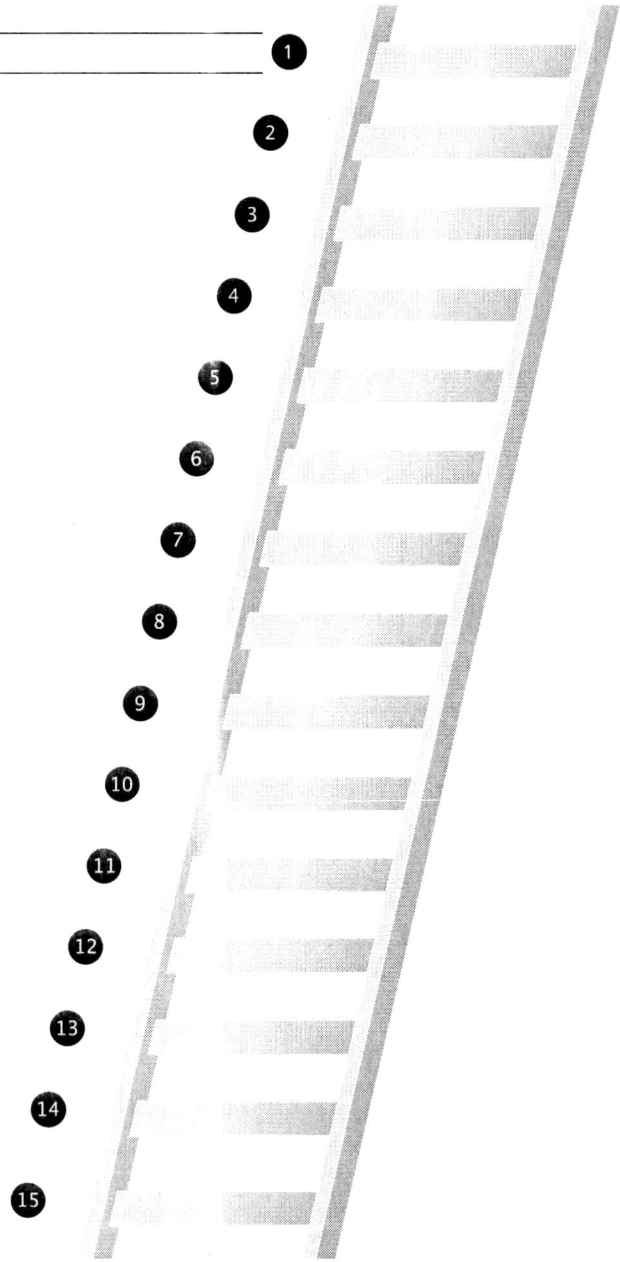

Échelle des valeurs passées :

Date : ______________________

Prénom : ______________________

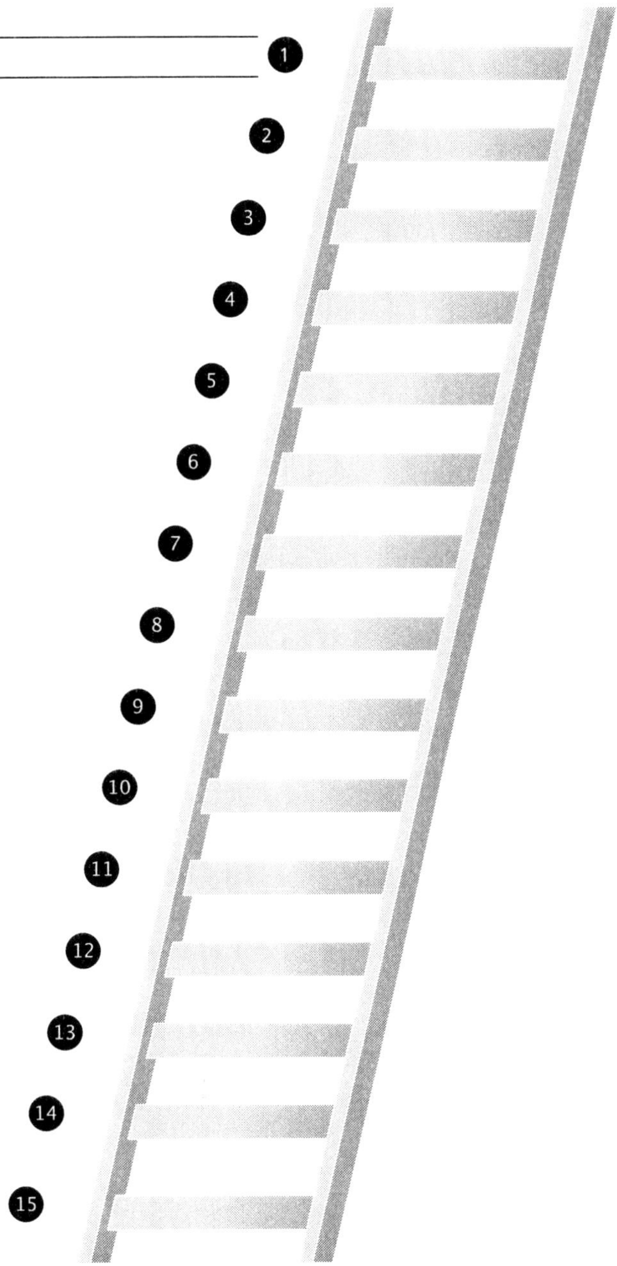

Échelle des contre-valeurs présentes :

Date : ______________________

Prénom : ______________________

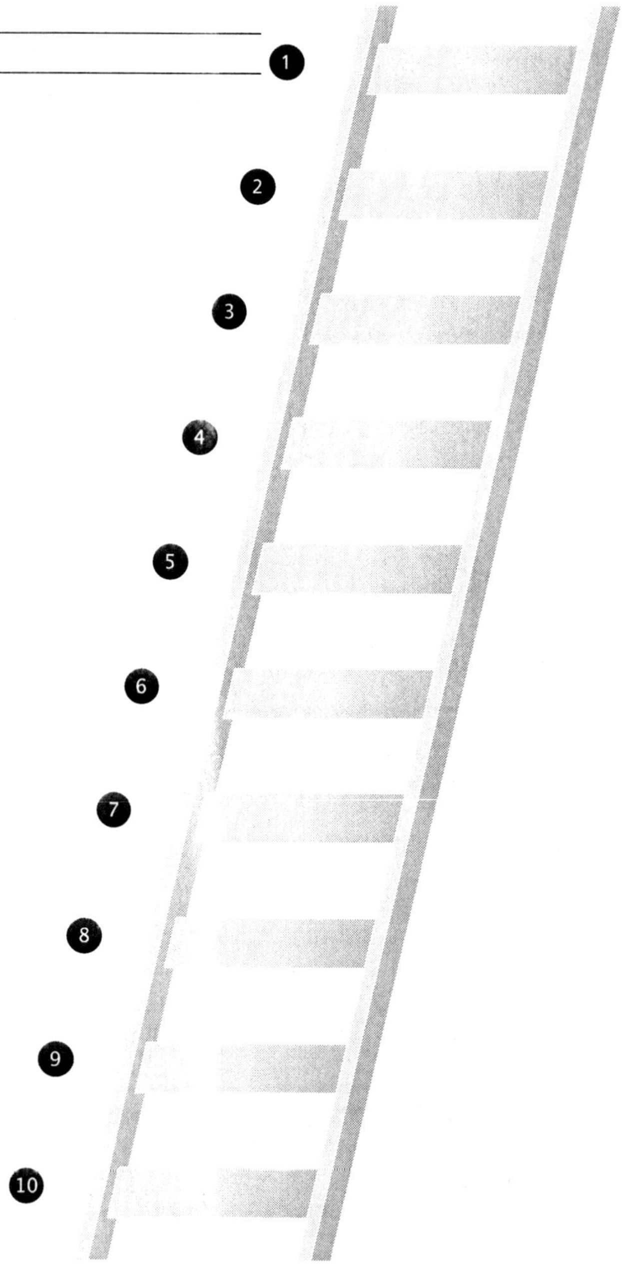

Échelle des contre-valeurs passées :

Date : ______________________

Prénom : ______________________

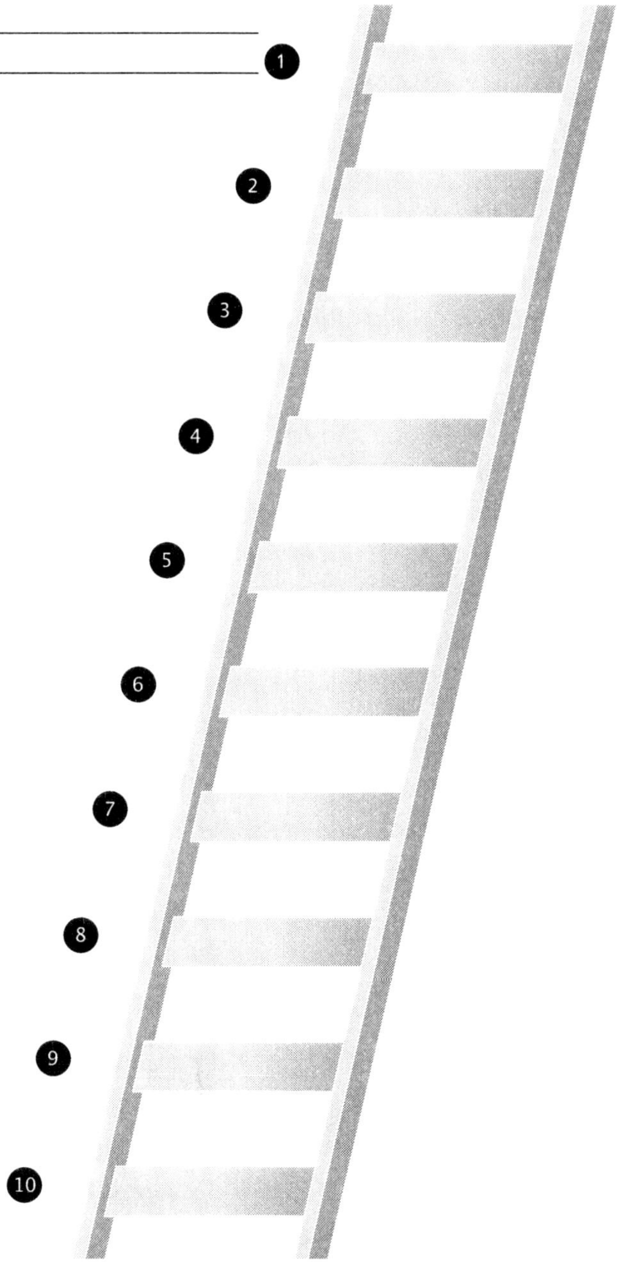

Inconvénients et avantages

Certaines valeurs et certaines contre-valeurs occasionneront des inconvénients dans votre vie. Je vais donc commenter un grand nombre d'entre elles. Nous allons commencer par les valeurs (par ordre alphabétique) puis poursuivre avec les contre-valeurs. Certaines d'entre elles, que vous trouverez dans le tableau de base, ne seront pas mentionnées parce qu'elles ne présentent pas d'inconvénients particuliers.

Inconvénients de quelques valeurs

ACCOMPLISSEMENT : D'un côté vous êtes fiable et vous honorez vos missions dans des délais rapides (sauf lorsqu'il y a trop de tâches et de missions à accomplir pour le temps qui vous est imparti). J'ai cependant repéré un inconvénient à cette valeur : vous vous imposez de terminer une tâche, même lorsque cela n'est plus raisonnable ! J'ai personnellement failli rater un avion (le vol était effectivement fermé au moment de mon arrivée), car je voulais absolument remplir un questionnaire sur Internet. Je me dépêchais et comptais les minutes, bien consciente que l'heure de mon départ du domicile était pourtant dépassée.

AIDE AUX AUTRES : Avoir besoin d'aider tout le monde se présente souvent sous la forme du syndrome du « sauveur » et peut vous vider de votre énergie en quelques années.

ARGENT : Il n'y aurait en apparence aucun inconvénient à cette valeur si l'on est persuadé que « tout le monde veut posséder de l'argent ». Paradoxalement, si on demande aux gens s'ils sont prêts *à tout* pour gagner (posséder) beaucoup d'argent, la majorité d'entre eux répond par la négative. En effet, devenir obsédé par l'argent coupe des vrais liens humains et surtout de la richesse spirituelle.

AUTHENTICITÉ : Vous êtes spontané et « vrai » en tout temps. Vous risquez de heurter la sensibilité des plus vulnérables de vos amis, collaborateurs ou membres de votre famille. Ceux qui ont de la difficulté à s'affirmer et qui sont mal dans leur peau vont soit vous admirer soit vous détester !

COMPLICITÉ : Vous courez le risque d'être trop exclusif dans vos amours et vos amitiés.

CONTRÔLE : On vous en veut d'être toujours sur le dos de tout le monde ! Beaucoup de vos collaborateurs et employés interpréteront votre attitude comme un manque de confiance. Ils ne savent pas que ce n'est pas leur compétence qui est mise en cause mais votre besoin personnel de maîtriser tous les processus. Vous allez vous faire des ennemis !

ÉCOLOGIE : Persuadé de l'urgence absolue de sauver la planète, votre quotidien s'imprègne de règles de conduite de plus en plus contraignantes... pour votre entourage. La peur des dégâts irrémédiables à la planète étant le fondement de vos actions personnelles et militantes, vos propos sont pessimistes voire alarmistes. Votre « psychose » peut amener certaines personnes de votre entourage à vous éviter.

EFFICACITÉ : En valeur de but et non en qualité, vous vous arrachez les cheveux chaque fois que vous tombez sur des gens inefficaces ! Cette intolérance vous fait prendre des décisions radicales pour éviter ces derniers. Vous leur donnez rarement une deuxième ou une troisième chance. Un avantage de cette valeur est que vous vous entourez de gens qui ont démontré leur efficacité et cela contribue à votre réussite mais aussi à une excellente ambiance.

FAMILLE : La vie axée exclusivement sur la famille (enfants et conjoint, parfois un parent) appauvrit l'esprit et les relations sociales. Souvent, la femme s'oublie. Elle n'est que mère. Quand les enfants partent du nid, n'ayant vécu que par procuration, elle s'effondre.

FIDÉLITÉ : Vous gardez vos amis très longtemps. Les bons comme les toxiques !

IMAGINAIRE : Vous êtes régulièrement distrait et cela perturbe souvent votre écoute et votre concentration.

LIBERTÉ, AVENTURE : Ces valeurs comportent un inconvénient uniquement pour votre conjoint, vos enfants et vos proches, qui sont parfois frustrés par vos manquements, vos oublis, vos absences, vos changements de dernière minute, etc.

LOYAUTÉ : Vous êtes à l'image du prisonnier qui retourne spontanément dans sa cellule ! Vous êtes vulnérable aux manipulateurs. Vous êtes la proie rêvée de groupements sectaires de tout acabit.

PATRIE : Vous ne vous entendez bien qu'avec des personnes ayant les mêmes opinions politiques que vous (politique, au sens large).

PLAISIR : Toutes vos actions visent le plaisir. Cela implique que vous ne faites pas ce qui vous déplaît. Votre conjoint, qui espère que vous soyez responsable et que vous vous impliquiez dans les tâches du quotidien, disjoncte régulièrement tant la tension monte entre vous ! Cette valeur n'est pas un inconvénient si vous vivez ou travaillez avec des personnes qui partagent les mêmes aspirations. Dans ce dernier cas, les véritables inconvénients restent la procrastination et parfois l'inefficacité.

POUVOIR : Tout va bien si vous prenez le pouvoir et qu'on vous le laisse. Si vous en abusez et que la société vous en prive (la justice par exemple), vous risquez de vous trouver face à un problème existentiel. Un autre inconvénient associé à cette valeur : votre relation aux autres est toujours un rapport de forces.

RÉALISATION PROFESSIONNELLE : Vous oubliez de prendre le temps de vivre et de voir vos amis ainsi que vos enfants, si vous en avez (ce qui est rare si vous êtes une femme).

RECONNAISSANCE SOCIALE : Vous jouez un jeu qui vous oblige à porter un masque que vous avez de la difficulté à baisser. Votre quête de reconnaissance peut durer indéfiniment et ne jamais réellement combler votre manque (être aimé par l'un de vos parents et percevoir votre valeur intrinsèque). Vous allez sûrement devoir dépenser beaucoup d'argent (en vêtements, en accessoires, etc.). Vous réussirez à vous faire admettre dans la société qui vous attire, mais vous resterez vigilant afin de ne pas sortir du moule. Cette valeur est un obstacle à la réalisation de soi. Elle est en contradiction avec une autre valeur, la LIBERTÉ.

RESPECT : Le respect absolu des règles et des lois fait de vous un citoyen modèle. En revanche, vous cassez les pieds à votre entourage. Vous êtes trop rigide et vous risquez de souffrir d'un trouble obsessionnel (si ce n'est déjà le cas). Vous n'avez pas beaucoup de véritables amis.

RESPECT DES AUTRES : Les autres passent avant vous et vous ne vous affirmez pas, de crainte de ne plus être apprécié. Or, lorsque vous arrivez à vous réaliser, avec des efforts conscients, bien entendu, et donc que cette valeur descend dans votre hiérarchie et même disparaît, d'autres inconvénients apparaissent ! En effet, certaines personnes peuvent alors vous reprocher d'être « moins réceptif » alors que, tout simplement, vous ne vous effacez plus systématiquement devant les autres. N'hésitez pas à aller jusqu'au bout de certaines questions (du type « qui m'a dit ça ? ») afin de découvrir si votre changement est insupportable pour *l'ensemble* de votre entourage ou s'il n'affecte qu'une ou deux personnes. Il existe des individus qui ne supportent pas que vous changiez et cela peut encore vous déstabiliser. Demandez-vous alors quel est leur profil psychologique et relationnel. Certains de vos proches vous empêchent de vous affirmer et vous reprochent de changer, car ils comprennent soudain que vous n'avez plus pour priorité de satisfaire leurs *desiderata*. Heureusement, ce type d'inconvénient est temporaire lorsque cette valeur disparaît.

RÉUSSITE : Il arrive qu'une personne qui désire absolument réussir se consacre intensément et à plein temps à l'atteinte de ce but. Dans ce cas, elle peut passer à côté de certaines choses comme voir ses enfants grandir, se faire des amis véritables ou réussir sa vie de couple.

SANTÉ : Vos choix alimentaires sont plus restrictifs que ceux du commun des mortels. Vous n'êtes donc pas toujours facile à inviter à table.

SÉCURITÉ AFFECTIVE : L'inconvénient est que cette valeur peut mener à la dépendance affective.

SÉCURITÉ MATÉRIELLE ET FINANCIÈRE : Cette valeur a tendance à vous rendre encore inquiet du lendemain même lorsque, objectivement, votre assise financière est établie. Vous épargnez plus que vous ne vous faites plaisir. Vous ne changez pas vraiment vos habitudes de vie par crainte de perdre vos références.

TRAVAIL : Travailler pour gagner sa vie et ne s'intéresser à rien d'autre appauvrit votre existence sur d'autres plans.

UTILITÉ : Paradoxalement, le fait d'être toujours actif afin de vous rendre utile, de ne pas vous asseoir ou vous reposer fatiguera davantage vos proches que vous-même.

Inconvénients de quelques contre-valeurs

BONHEUR, RÉUSSITE : Vous échouez à être heureux et bien dans votre peau.

COLÈRE : Vous vous coupez de votre réalité intérieure et n'osez pas affronter un sujet sensible pour vous ou pour l'autre. Vous semblez toujours poli et réservé. On vous croit calme. On ne sait pas quand vous êtes fâché ou contrarié, et cela fausse vos rapports avec les autres.

CONFLIT : Comme vous refusez systématiquement de faire face à vos problèmes, il y a peu de changements et de remaniements possibles.

ÉCHEC : Vous n'entreprenez aucun projet important seul (professionnel par exemple). Paradoxalement, vous risquez d'obtenir des résultats médiocres.

MANQUE DE CONFIANCE : Vous êtes systématiquement méfiant lors des premières approches, car vous avez très souvent des pensées et des croyances paranoïdes (ce qui ne signifie pas que vous souffrez de paranoïa, qui est un trouble grave de la personnalité !).

MANQUE DE RECONNAISSANCE : Votre désir de recevoir des félicitations, des remerciements, de la gratitude, des compliments et des témoignages d'admiration est trop important. Cela vous oblige à agir dans le but de combler vos attentes. Le problème est qu'il s'agit au fond de l'espoir inconscient d'être reconnu par un de vos parents (votre père ?), souvent bien incapable de le faire.

MANQUE DE RESPECT : Vous pouvez devenir violent si on vous manque de respect.

PERTE DE TEMPS : Vous avez constamment l'impression de manquer de temps pour faire et vivre tout ce que vous voulez, un peu comme si vous alliez mourir demain. Vous êtes prompt à décider et à agir, ce qui est en général un avantage. Cependant, cela vous rend impatient et intolérant face à la lenteur des autres. Si cette valeur est associée chez vous à la valeur EFFICACITÉ, vous risquez l'épuisement (ou le *burnout*).

REJET OU EXCLUSION : L'inconvénient avec cette contre-valeur est que vous cherchez à éviter le rejet ou l'exclusion à tout prix. Vous devez vous contorsionner continuellement pour ne pas déplaire. Épuisant et très anxiogène bien sûr !

RUPTURE : Vous maintenez des liens affectifs ou vous laissez perdurer des situations, même si le bilan est négatif et que cela est néfaste à votre épanouissement.

SOLITUDE : La dépendance affective est un pendant de cette contre-valeur. Vous ne pouvez pas rester vraiment seul plus de quelques heures. Vous recherchez systématiquement la compagnie d'autres humains sous n'importe quel prétexte. Vous téléphonez souvent à vos connaissances (qui ne manquent pas de vous rappeler et vous donnent donc l'impression d'être entouré et apprécié). Selon votre santé et votre âge, vous pouvez avoir hâte d'être en couple, si ce n'est déjà fait (dans ce cas, cette contre-valeur peut ne pas être détectée).

SOUFFRANCE : L'avantage de cette valeur est que vous évitez le plus possible de souffrir moralement et physiquement. L'inconvénient est que vous êtes vraiment trop douillet !

STRESS : Vous êtes trop neutre et inatteignable à cause de cette contre-valeur. C'est davantage un inconvénient sur le plan relationnel, car vous semblez n'avoir ni émotions ni sentiments.

Troisième partie

Vivre dans le respect de nos valeurs et de nos contre-valeurs

CHAPITRE 6

Quand les valeurs changent de place

Ce ne sont pas toujours nos valeurs qui changent au cours de notre vie, mais la place qu'elles occupent dans notre hiérarchie des valeurs.

Sans qu'on s'en rende compte (sauf pour ceux dont la valeur CONSCIENCE est placée en haut de la hiérarchie, et ce, depuis longtemps), ce que l'on croyait indispensable entre l'âge de 25 et 40 ans finit par perdre de l'importance. Au contraire, d'autres valeurs, qui pendant longtemps se situaient plus bas dans l'échelle, vont peu à peu remonter vers le haut et devenir une nécessité vitale (psychologiquement et spirituellement bien sûr !).

Prenons l'exemple de cette valeur, que l'on retrouve couramment dans les cinq premières places chez les 25 à 40 ans : la SÉCURITÉ MATÉRIELLE ET FINANCIÈRE. On peut se demander pourquoi cette valeur descend vers la 10e ou la 15e position voire encore plus bas, au point même parfois de se retrouver dans la colonne des contre-valeurs ? En effet, beaucoup de gens de plus de 40 ans n'ont plus la SÉCURITÉ MATÉRIELLE ET FINANCIÈRE dans la colonne des valeurs mais l'INSÉCURITÉ MATÉRIELLE ET FINANCIÈRE dans la colonne des contre-valeurs. La raison en est simple. Si, depuis plusieurs années, la personne se sent installée dans une sécurité matérielle, elle ne la recherche plus activement. La plupart du temps, elle a travaillé fort pour en arriver là. Dans d'autres cas, un mariage avec quelqu'un de riche, un héritage important, des rentes conséquentes ou des parents généreux remplissent ce besoin. C'est donc l'assurance de ne pas être dans le besoin qui peut expliquer que cette valeur descende dans la hiérarchie ou perde son statut de valeur prioritaire. Or, si notre stabilité financière est attribuable à un mariage ou au soutien financier de vos parents, elle est loin d'être assurée. Tout peut s'arrêter du jour au lendemain !

D'ailleurs, le plus souvent, la femme au foyer, malgré le fait qu'elle soit avec un homme aisé et généreux, conserve très souvent la valeur SÉCURITÉ FINANCIÈRE ET MATÉRIELLE en haut de sa liste de priorités. Je ne remarque pas cette particularité chez les femmes de plus de 40 ans qui travaillent et qui sont autonomes financièrement. Ces dernières ont plutôt tendance à présenter l'INSÉCURITÉ MATÉRIELLE ET FINANCIÈRE en contre-valeur. Les situations de ces deux types de femmes sont différentes. Les conséquences dans leur vie quotidienne sont différentes. En effet, si vous avez plus de 40 ans, que vous êtes sans ressources financières qui vous sont propres et que vous avez peur de perdre la sécurité matérielle que vous procure votre conjoint, vous êtes piégée ! Ce n'est pas votre partenaire qui vous coince, mais votre besoin absolu de vous sentir en sécurité et d'avoir la certitude que vous aurez un toit sur la tête et de l'argent disponible !

Si la SÉCURITÉ MATÉRIELLE ET FINANCIÈRE se trouve en **première place** dans votre hiérarchie, voici deux conséquences possibles : **dans le premier cas**, vous ne démarrez pas vraiment votre vie, car cette valeur est un véritable frein à la satisfaction de nouvelles envies ou d'autres valeurs telles que la CRÉATIVITÉ, l'AIDE AUX AUTRES, l'INTÉGRITÉ et le PLAISIR. Vous avez alors deux choix : celui de l'assumer et donc de ne pas vous plaindre ; mais aussi celui de **procéder à une vérification active de ce dont vous disposerez dans le futur pour vivre si vous décidez d'effectuer un changement important** (il vous faudra poser des questions, faire des calculs, vous renseigner sur le plan juridique, etc.). Le problème avec la valeur SÉCURITÉ MATÉRIELLE ET

FINANCIÈRE placée en première place est que vous vous sentez *paralysé* et donc résistant au changement, malgré vos désirs et vos rêves. Toute velléité de changement, par exemple, déménager au loin, se mettre à son compte, peindre et vivre de son art ou divorcer, se heurte à la terreur de se retrouver sur la paille ou tout simplement d'être obligé de vivre seulement avec le minimum, sans confort et sans luxe.

Dans le deuxième cas, vous chercherez à exercer un métier stable, de préférence dans la fonction publique ou dans une entreprise qui ne licencie pas fréquemment. Sachant malgré tout que nous observons tous une accélération de l'impermanence professionnelle, même dans les entreprises stables, vous pouvez encore avoir le choix d'embrasser une profession qui s'exporte, comme boulanger-pâtissier, ou dont on aura toujours besoin, par exemple, infirmière, femme de chambre, comptable, informaticien, secrétaire. Comme ces choix ne vous conduisent pas à prendre de vrais risques, le salaire sera plutôt bas et ne vous permettra pas d'être riche, certes, mais vous procurera un boulot stable, ce qui finalement importe le plus à vos yeux.

Voilà ce que vous risquez de vivre si la valeur SÉCURITÉ MATÉRIELLE ET FINANCIÈRE se trouve en première place de votre hiérarchie. Cela reste valable, même si vous avez la valeur BIEN-ÊTRE, RESPECT DE SOI, SE RÉALISER, ÉPANOUISSEMENT ou BONHEUR juste derrière !

Certaines valeurs sont des processus et non des états. Cela explique que, par exemple, la valeur RÉUSSITE peut disparaître de votre hiérarchie alors que vous avez réussi. Justement parce que vous avez réussi ! L'avancement en âge y est pour beaucoup. Il est assez classique d'avoir la RÉUSSITE en valeur entre 20 et 50 ans. Il est rare qu'une personne de 60 ans place la RÉUSSITE en haut de sa hiérarchie, sauf si elle a passé sa vie à réussir uniquement sur le plan matériel et que cela n'a plus de sens pour elle… Peut-être encore, dans ce cas, a-t-elle besoin de RECONNAISSANCE (dans la liste de ses valeurs prioritaires) ou ne supporte pas le manque de reconnaissance (MANQUE DE RECONNAISSANCE en contre-valeur). RÉUSSIR ne devient alors qu'une valeur de moyen, car le véritable but est d'être reconnu socialement. Bien entendu, cela reste une hypothèse. Chacune de ces options reste à vérifier pour chaque individu.

Prenons, par exemple, la valeur SE RÉALISER. Il s'agit encore ici d'un processus. Cette dernière sera probablement remplacée un jour par l'ÉPANOUISSEMENT, le BIEN-ÊTRE ou le BONHEUR.

D'autres valeurs ne font plus partie de nos priorités, car elles ont été actualisées. Quand vous passez des caps et que vous atteignez vos objectifs, ceux-ci ne représentent donc plus vos buts puisque vous les avez atteints ! Une valeur qui a été placée vers le haut de votre échelle peut donc devenir nettement moins importante. Par exemple, des personnes qui ont consacré beaucoup de temps à leur travail, peut-être pour satisfaire la valeur RÉUSSITE ou bien RECONNAISSANCE SOCIALE, et qui ont atteint leurs buts, ont par le fait même de moins en moins envie de travailler... Une autre valeur est alors certainement remontée dans la hiérarchie pour remplacer la RÉUSSITE ou bien la RECONNAISSANCE SOCIALE.

Attention, ce phénomène ne s'applique pas à des valeurs telles que l'INTÉGRITÉ, l'AUTHENTICITÉ, la SPIRITUALITÉ et la FOI. En effet, **il y a des valeurs qui resteront actives toute votre vie**. Nous pouvons ajouter le PLAISIR INTELLECTUEL, la LIBERTÉ, l'EFFICACITÉ, l'ÉPANOUISSEMENT, le BONHEUR, la CRÉATIVITÉ, l'IMAGINAIRE et l'ESTHÉTISME.

Restez toujours en connexion avec vous-même tout au long de votre vie. Vos valeurs actuelles changeront de place sur votre échelle de priorités dans environ dix ans. Plus tard, vous allez peut-être vous apercevoir que vos cinq valeurs prioritaires ne sont plus à la même place. Ce qui est important, c'est de vérifier chaque année, si votre vie est cohérente avec ce qui est fondamental pour vous à ce moment-là, et ce, jusqu'à votre mort. Dans ces conditions, la vie vaut vraiment la peine d'être vécue !

Modifier temporairement la place d'une valeur

On peut changer volontairement une *valeur de référence* en *valeur de préférence,* c'est-à-dire que nous modifions temporairement la place d'une valeur dans notre échelle de priorités. En effet, même si nous ne pouvons choisir nos valeurs naturelles, nous avons la possibilité d'agir volontairement pour modifier leur place dans notre hiérarchie.

Une *valeur de préférence* est un choix entre plusieurs possibilités, selon le degré d'importance. Elle est donc cotée à 9 ou 10 dans votre hiérarchie. Une *valeur de référence* est celle que l'on satisfait dans l'action (projet, décision, attitudes, etc.) Elle fait partie du panel des 15 valeurs maximum que vous avez repérées.

Imaginons que la valeur INDÉPENDANCE (cotée 9/10) se situe parmi les cinq premières dans votre hiérarchie. Vous décidez de faire **seul** un voyage de 15 jours en Chine (vous n'aimez pas les voyages organisés si vous avez les valeurs INDÉPENDANCE, AVENTURE ou LIBERTÉ). Vous apprenez par des voyageurs aguerris que la population ne parle pas anglais. Ainsi, la difficulté à communiquer présente un énorme inconvénient lorsqu'on demande des renseignements, par exemple, des horaires de trains. Vous apprenez que même le plus débrouillard des voyageurs qui ne parle aucun dialecte chinois passe par des états d'intense nervosité dans ces occasions ! Imaginons également que vous avez la valeur BONHEUR (9,5/10), ACCOMPLISSEMENT (8/10) et ÉVOLUER (7/10). Ce qui donne la hiérarchie suivante :

- (autre valeur à 10) non mentionnée pour l'exemple ;
- BONHEUR ;
- INDÉPENDANCE ;
- ACCOMPLISSEMENT ;
- ÉVOLUER.

Finalement, vous décidez, pour votre première expérience en Chine, d'opter pour… un voyage organisé ! Or, cette décision va à l'encontre de la valeur INDÉPENDANCE. Arriverez-vous tout de même à passer un séjour agréable si vous perdez la maîtrise de vos horaires et de vos choix de visites ? Oui, si vous anticipez que le problème de la langue risque de vous perturber et de compromettre votre bien-être (le bonheur est encore plus important pour vous), et si vous réalisez que vous devrez peut-être abandonner certains projets. Visiter des lieux qui vous attirent a des chances de devenir tellement compliqué – en plus, la Chine est un pays très peu sensible aux libertés individuelles – que vous risquez de ne pas être heureux pendant votre séjour ! Vous décidez donc d'accorder la priorité à la valeur ACCOMPLISSEMENT (normalement derrière INDÉPENDANCE dans votre cas) quitte à être temporairement moins indépendant. Il s'agit d'un choix volontaire, exceptionnel, adapté à la situation, mais qui satisfait d'autres valeurs importantes chez vous.

Chapitre 7

Quand la recherche se fait avec un thérapeute

Voici quelques exemples de recherches partagées avec une thérapeute (l'auteur) lors de séances de groupe consacrées à la recherche à deux. Les dialogues retranscrits ici ont été enregistrés et ont seulement été épurés des interventions d'autres participants présents lors de ces séances. Les prénoms ont été modifiés.

Le but de cette démonstration est de vous permettre de **repérer quelques questions utiles pour votre recherche des valeurs** et de constater que les confusions sont fréquentes tant que les manifestations des valeurs et des contre-valeurs n'ont pas été précisées (c'était le cas de ces personnes puisque ce lexique n'existait pas à l'époque). Vous pouvez reprendre ces mêmes questions pour votre compte.

Sébastien et l'aventure

Sébastien, 45 ans, célibataire sans enfant, est ingénieur dans une société aéronautique. Consciencieux et intéressé par la recherche de ses propres valeurs, voici ce qu'il partage avec nous lors d'une séance de groupe :

SÉBASTIEN – J'ai trouvé chez moi, avant de connaître les détails de chacune de ces valeurs, AVENTURE, DÉCOUVERTE, EFFICACITÉ, INTÉGRITÉ, AUTONOMIE, SÉCURITÉ ; et en contre-valeur, PERTE DE TEMPS. Je ne les ai pas encore mis en hiérarchie.

THÉRAPEUTE – (Après vérification et confirmation de la valeur SÉCURITÉ MATÉRIELLE et AFFECTIVE chez Sébastien) Je vois une **contradiction** entre votre besoin de SÉCURITÉ MATÉRIELLE, que nous venons de confirmer, et qui est très fort chez vous, et la valeur AVENTURE. Est-ce que vous voyagez ?

SÉBASTIEN – Oui.

THÉRAPEUTE – Seul ? Je veux dire, sans l'aide d'une organisation ?

SÉBASTIEN – Je peux être seul ou accompagné. Je peux aussi partir en groupe.

THÉRAPEUTE – Lorsque vous partez seul, savez-vous déjà où vous allez dormir la première nuit de votre arrivée ?

SÉBASTIEN – Oui. En général, j'ai déjà réservé l'hôtel.

THÉRAPEUTE – Et pour la deuxième nuit, avez-vous réservé ?

SÉBASTIEN – Non mais je regarde mon guide dans la journée. C'est vrai que je vais téléphoner pour m'assurer s'il y a de la place.

THÉRAPEUTE – Vous réservez d'avance vos hôtels, vous pouvez aller en voyage organisé. Cela semble être très encadré.

SÉBASTIEN – Oui mais j'aime bien voyager. J'aime bien découvrir de nouveaux lieux. Je fais des randonnées.

THÉRAPEUTE – Je comprends que vous aimez ça mais je comprends surtout que ce n'est pas une vraie valeur chez vous. Sinon vous ne seriez pas sur des sentiers balisés. Celui qui a AVENTURE en valeur est plutôt nomade. C'est une valeur puissante et caricaturale. L'aventurier ne prévoit rien à l'avance ; il vit au jour le jour. Il ne ressent aucune insécurité s'il n'y a pas de balises autour de lui. Il attend d'être sur place, de prendre le pouls des lieux et des gens, et ce n'est qu'ensuite qu'il décide de ce qu'il va faire dans l'heure qui suit.

SÉBASTIEN – Oui, d'accord, mais je n'aime pas les voyages organisés où il y a des visites guidées dans les musées où tout le monde se suit. Moi j'aime bien aller dans les ruelles perdues, à la rencontre des gens du pays. J'aime bien faire des randonnées sportives. J'aime bien bouger à ma guise.

THÉRAPEUTE – Dans ce cas, lorsque vous avez nommé AUTONOMIE en valeur tout à l'heure, je pense que l'on en a une manifestation ici. Ce n'est pas AVENTURE chez vous.

SÉBASTIEN – Pourtant, j'aime bien sortir me balader, découvrir et aller à l'aventure.

THÉRAPEUTE – Je l'interpréterais par le fait que vous vous sentez rassuré et que vous vous permettez d'aller à l'aventure parce que vous avez déjà une bonne sécurité, une bonne assise générale. N'oublions pas que SÉCURITÉ est une valeur très haute chez vous. D'ailleurs, SÉCURITÉ et AUTONOMIE vont très bien ensemble, mais pas SÉCURITÉ et AVENTURE. Nous continuons : à quoi cela vous sert-il de découvrir ?

SÉBASTIEN – À apprendre, à découvrir. J'aime bien comprendre le pourquoi des choses. Comment ça marche. Il faut toujours que j'essaie de comprendre. J'adore comprendre. Finalement, c'est du plaisir intellectuel !

THÉRAPEUTE – Je suis d'accord. C'est le besoin d'éprouver un plaisir intellectuel. Il y a dans ce domaine une question à vous poser du fait que vous aimez profondément apprendre, découvrir et savoir ou connaître beaucoup de choses. C'est « pourquoi faire ? » Vous voyez qu'ici, à aucun moment, vous ne m'avez parlé de vouloir transmettre vos connaissances ou vos expériences, par exemple. Vous voulez absolument comprendre les choses, n'est-ce pas ?

SÉBASTIEN – Ah oui. Complètement ! Et ça, c'est valable pour tout !

THÉRAPEUTE – Donc, on réalise là que vous avez PLAISIR INTELLECTUEL en valeur haute. Vous êtes d'accord ?

SÉBASTIEN – Oui. Totalement. Je n'y avais pas pensé.

THÉRAPEUTE – DÉCOUVERTE semble donc être une valeur de moyen pour aboutir à la valeur de but PLAISIR INTELLECTUEL. On barre DÉCOUVERTE sur votre liste. Il est inutile de la garder en mémoire puisqu'il n'y a pas de plaisir intellectuel sans découvertes.

SÉBASTIEN – Je me dis quand même que j'ai besoin de faire des découvertes, pas seulement pour le plaisir intellectuel mais pour sortir de mon train-train quotidien.

THÉRAPEUTE – Vous repoussez la routine ?

SÉBASTIEN – Oui. Je ne prends pas toujours le même trajet pour aller au travail, ni même pour rentrer chez moi ; je ne fais pas la même chose les soirs de semaine, je ne prends pas les mêmes plats au restaurant. Oui, finalement, c'est plutôt ça : j'agis pour ne pas rester dans la routine et non pas pour être aventurier.

THÉRAPEUTE – Donc vous avez la contre-valeur ROUTINE !

SÉBASTIEN – Eh bien oui. Là, ça a du sens. J'ai confondu AVENTURE et refus de la ROUTINE !

Sonia et sa santé

Sonia a 34 ans. Elle est célibataire, sans enfant, et elle est formatrice de délégués syndicaux.

SONIA – Les valeurs que j'ai trouvées ne sont pas encore mises en hiérarchie, mais il me semble que SANTÉ soit en première place.

THÉRAPEUTE – Pourquoi SANTÉ ?

SONIA – J'ai fait 10 années d'études, dont un doctorat et un Master en marketing, double compétence. J'étais assez ambitieuse. À partir du moment où j'ai eu des soucis de santé, tout cela s'est cassé. Cela m'a permis de me rendre compte que c'était la santé qui comptait le plus. L'argent est devenu dérisoire.

THÉRAPEUTE – Êtes-vous mariée ou y a-t-il un homme qui comble financièrement vos besoins ?

SONIA – Je ne suis pas mariée ni aidée par un homme, non.

THÉRAPEUTE – Lorsque vous êtes tombée malade, aviez-vous économisé ?

SONIA – Oui et mes parents m'ont aidée.

THÉRAPEUTE – Avez-vous SÉCURITÉ MATÉRIELLE ET FINANCIÈRE en valeur ?

SONIA – C'est une des premières choses que j'ai écrites. J'ai noté SÉCURITÉ FINANCIÈRE puis SANTÉ. Mais finalement je me suis dit : « Je mets SANTÉ en premier parce que si je n'ai pas la santé je ne peux pas travailler ». C'est comme ça que je raisonne. J'ai fait le choix de revenir à mon ancien travail alors que je l'avais quitté pour obtenir mieux. Je sais que je peux avoir mieux en termes de compétence, mais je suis à nouveau tombée malade. J'ai eu la chance d'être réembauchée, avec le salaire précédent, c'est-à-dire inférieur à celui qu'on me proposait ailleurs, mais je me suis dit : « Autant rester là et ne pas avoir de soucis de santé ! » J'ai donc fait le choix de gagner un peu moins d'argent et d'avoir moins de stress. Le stress me cause des soucis de santé assez importants.

THÉRAPEUTE – Sonia, cela n'empêche pas que SÉCURITÉ FINANCIÈRE puisse être **avant** SANTÉ.

SONIA – Oui, c'est possible.

THÉRAPEUTE – Vous vous êtes assuré un coussin de sécurité, n'est-ce pas ? Vous pouvez en effet vous dire : « J'ai beaucoup travaillé et gagné d'argent, et je n'ai pas d'enfants, alors j'ai pu économiser au cas où… » Donc vous pouvez vous sentir assez rassurée. Mais **le fait d'être rassurée peut vous faire oublier que la sécurité matérielle et financière est importante**. Il me semble qu'elle est forte chez vous. **La décision de revenir à un travail sûr, même peu payé, est très typique d'un besoin de sécurité financière**.

SONIA – Oui, c'est exactement ça !

THÉRAPEUTE – Je vous donne un exemple à ce sujet. Une femme au foyer qui n'a pas de travail peut, à cause de la valeur

SÉCURITÉ MATÉRIELLE ET FINANCIÈRE, rester dans un mariage malheureux. Elle peut se sentir mal avec son époux et pourtant continuer longtemps à vivre dans une belle maison où ce dernier paye le loyer, l'ensemble des charges, l'alimentation, les vacances, les vêtements, etc. Dans ce cas, la valeur SÉCURITÉ MATÉRIELLE ET FINANCIÈRE est en haut de la hiérarchie ! On peut déjà deviner que celle-ci passe au-dessus d'autres valeurs.

Or, malgré que certains croient que cette femme n'a pas le choix, il faut bien réaliser que nous avons toutes le choix ! Au Yémen, peut-être pas ! Dans certains pays, les femmes qui veulent changer de condition risquent d'être tuées. Je crois qu'en Occident nous avons toutes le choix. Je travaille pour des femmes qui vivent des situations dramatiques, qui sont parfois même mariées à des hommes extrêmement dangereux, et pourtant elles s'en sortent ! Elles doivent parfois déménager secrètement, changer de numéro de téléphone, partir avec peu de biens et de vêtements, mais elles s'en sortent. Ici, quand on veut quitter son travail, se séparer de son conjoint, déménager, évincer un locataire, c'est possible. Facile ou pas, c'est une autre question. Mais il n'est pas réaliste de dire : «Je ne ***peux* pas** sortir de ce poste, de ma relation de couple, etc.»

La vérité, c'est qu'il y a **d'autres priorités !** Celles auxquelles vous voulez aussi répondre. Ce qui est intéressant, c'est de savoir quelles priorités vous voulez satisfaire. Ce n'est qu'ensuite que vous pourrez vous demander ce que cela signifie et si ces besoins prioritaires sont réels. Êtes-vous en fait assis sur des peurs ? C'est souvent le cas lorsqu'on a la valeur SÉCURITÉ MATÉRIELLE ET FINANCIÈRE. Souvent, mais pas toujours.

Sonia – D'après ce que vous me dites, j'ai effectivement SÉCURITÉ MATÉRIELLE ET FINANCIÈRE avant SANTÉ dans mes priorités, mais je ne m'en apercevais pas. Je suis déjà bien protégée par mes parents, mes économies et mon salaire. Je suis rassurée et donc je m'occupe mieux de ma santé.

Thérapeute – Sonia, qu'avez-vous mis d'autre comme valeur ?

Sonia – J'ai mis AUTONOMIE. Je crois que cela va dans le sens de SÉCURITÉ FINANCIÈRE. C'est-à-dire que je ne veux pas être trop dépendante de quelqu'un.

Thérapeute – Ne pas vouloir être « trop dépendante » de quelqu'un ne suffit pas pour déterminer que vous avez la valeur AUTONOMIE.

Sonia – Je ne pourrais pas être femme au foyer. J'aime bien gagner ma vie.

Thérapeute – Je comprends. Cependant, AUTONOMIE en valeur veut dire aussi que vous avez besoin d'une certaine liberté d'action dans un cadre que vous supportez très bien. Est-ce le cas ?

Sonia – Complètement ! Et en plus j'épargne !

Thérapeute – D'autres choses ?

Sonia – Oui. J'ai mis aussi ÉPANOUISSEMENT. Je ne sais pas si je l'ai bien placé dans ma hiérarchie. Je l'ai mis au tout début.

Thérapeute – Vous êtes épanouie ?

Sonia – Oui.

Thérapeute – Alors c'est juste. Vous la gardez.

Sonia – Après, j'ai mis des qualités. Je ne sais pas si ce sont des valeurs. J'ai mis CRÉATIVITÉ, par exemple.

Thérapeute – Comment vous l'expliquez-vous ?

Sonia – En fait, c'est une qualité qui m'aide à m'épanouir.

Thérapeute – Donc CRÉATIVITÉ ressemble à une valeur de moyen. Attention, il y a des gens qui *aiment bien* être créatifs : ils aiment peindre, faire des compositions florales, sculpter... mais ils peuvent rester un an sans rien faire. Or, si c'était une valeur, ils trouveraient le temps. Il peut donc s'agir d'un loisir, d'un plaisir. La créativité peut être un moyen pour accéder à un bien-être, à un épanouissement.

Sonia – Il y a de la créativité dans mon boulot. C'est la raison pour laquelle je suis revenue à ce travail-là.

THÉRAPEUTE – Comment vivez-vous selon cette valeur dans votre travail ?

SONIA – Je suis formatrice ; je donne des formations par l'apprentissage ludique. J'invente des jeux pour les délégués médicaux, je travaille avec des graphismes, des personnages. En plus, j'élabore un site Internet avec beaucoup de plaisir. J'adore ce que je fais !

THÉRAPEUTE – D'accord, nous pouvons noter CRÉATIVITÉ en valeur de but. Elle se situe au-dessous de SÉCURITÉ, SANTÉ et peut-être AUTONOMIE. À vous de voir.

SONIA – J'ai également noté le PARTAGE, la COMMUNICATION ». J'aime bien avoir un groupe d'amis ; je ne suis pas repliée sur moi-même ;

THÉRAPEUTE – Oui, mais cela peut être une qualité. C'est important de faire la différence. Une valeur c'est : « J'ai **besoin**, c'est important pour moi, c'est indispensable, je ne peux pas vivre sans cela. » Avez-vous des amis que vous voyez, que vous invitez très régulièrement ?

SONIA – Oui, j'ai une amie que je vois toutes les semaines. Peut-être deux. Mais on s'appelle souvent.

THÉRAPEUTE – Il se peut aussi qu'il y ait la valeur COMPLICITÉ dans cette relation. Si je comprends bien, vous n'avez que deux amies ?

SONIA – En fait, j'ai un groupe d'amis très développé que j'entretiens. J'organise des dîners, je fais des soirées, etc.

THÉRAPEUTE – O. K. Ceux qui ont comme valeur AMITIÉ, PARTAGE ou même COMMUNICATION font ce genre de choses. Donc chez vous ce n'est pas : « J'ai une amie depuis 15 ans, que je vois toutes les semaines ? »

SONIA – Ah non ! Je n'ai qu'une ou deux amies que je vois systématiquement. On se voit, on se téléphone, on se donne des nouvelles. Sinon, j'ai beaucoup d'autres amis.

THÉRAPEUTE – Apparemment vous n'avez pas la valeur COMPLICITÉ. Dans ce cas en effet, vous n'auriez que deux amies depuis très longtemps et cela vous suffirait. Observez si AMITIÉ, PARTAGE ou COMMUNICATION tiennent une place prioritaire l'une par rapport à l'autre. Vous avez effectivement une valeur haute dans cet ensemble.

Nathalie et la réussite

Nathalie a 36 ans. Elle est actuellement chef comptable chez un grand tour-opérateur. Elle est l'aînée de quatre frères et une sœur avec qui elle ne vit plus. Elle est légalement responsable et s'occupe d'un de ses frères paraplégique et retardé intellectuellement. Sa mère psychotique et son père alcoolique, décédé quand elle avait 14 ans, l'ont amenée à se rendre responsable de l'organisation de la maisonnée tout entière. Cette brève description d'une histoire familiale difficile à l'origine peut vous faire comprendre l'existence des contre-valeurs décrites par Nathalie.

THÉRAPEUTE – Nathalie, qu'est-ce que vous avez trouvé important à vos yeux, en cohérence avec votre vie ?

NATHALIE – La seule valeur que je vois pour le moment est AUTONOMIE. Mais j'ai trouvé des contre-valeurs telles que MANQUE DE RECONNAISSANCE, MANQUE DE CONFIANCE et MANQUE DE CONTRÔLE.

THÉRAPEUTE – Penchons-nous d'abord sur l'existence de votre valeur, puisque vous n'en avez trouvé qu'une. Aviez-vous, à l'âge de 15 ans, des aspirations, des idées pour la vie, pour votre avenir ?

NATHALIE – Pas du tout. Ce que je voulais, c'était aller le plus loin possible dans mes études pour réussir.

THÉRAPEUTE – « Réussir » peut être une valeur. Est-ce que vous pensez actuellement réussir ?

NATHALIE – Oui, en ce moment, professionnellement, ça va.

THÉRAPEUTE – Est-ce que vous pensez appliquer votre projet de réussite tel que vous en rêviez lorsque vous étiez plus jeune ?

NATHALIE – Je commence à l'appliquer.

THÉRAPEUTE – Cela reste votre objectif? C'est important pour vous ?

NATHALIE – Oui.

THÉRAPEUTE – Que signifie pour vous « réussir » ?

NATHALIE – Réussir, c'est être autonome dans un domaine que l'on maîtrise progressivement, tout en étant dans un cadre pour apprendre des choses.

THÉRAPEUTE – Donc c'est un processus ?

NATHALIE – Oui.

THÉRAPEUTE – Tout en ayant une certaine liberté, l'autonomie serait un moyen pour vous. On est obligé d'avoir une certaine autonomie pour pouvoir réussir. Si vous n'aviez aucune autonomie, est-ce que vous auriez l'impression de réussir?

NATHALIE – Je me sentirais enfermée.

THÉRAPEUTE – Réussir, est-ce que cela veut dire entrevoir l'avenir positivement dans le sens où tout est possible ?

NATHALIE – Oui dans le sens où je peux être libre.

THÉRAPEUTE – « Réussir », c'est atteindre ses objectifs avec une certaine liberté, sans être empêché et sans que cela soit corrélé à l'argent ou à la célébrité. C'est la raison pour laquelle certaines personnes ont RÉUSSIR en valeur et d'autres en ont le souhait sans que cela soit une valeur. Lorsqu'on a cette valeur, il s'agit d'une détermination. Il y a des milliards de gens qui n'ont pas la ferme résolution de changer de vie afin de réussir à atteindre leurs objectifs, tout en ayant une liberté d'action et de penser. Quelqu'un qui a comme valeur RÉUSSIR sort d'un cadre trop fermé et il se sent « responsable ». Il peut être un créateur d'entreprise, un inventeur qui se fait connaître ou exercer tout autre métier. De toute façon la personne atteint ses objectifs. Par contre, avoir envie de réussir ne signifie pas que l'on réussisse. Dans ces cas-là, il ne s'agit pas d'une valeur. On sait alors que ce n'est pas ça qui vous pousse à agir. Cela signifie qu'on ne se sabote pas.

Tout le monde pourrait avoir envie de réussir et se saboter tout de même ! « Madame Névrose » est très douée pour nous faire rater nos entreprises, nous détourner de nos objectifs et finalement entraver la réussite que nous souhaitons. Est-ce que vous êtes d'accord avec cela ?

NATHALIE – On peut aussi se saboter pendant plusieurs années ! Je l'ai fait souvent en pensant que je n'avais pas ma place et je me disais : « Qui je suis, moi, pour vouloir réussir ? » Mais cela, je ne le pense plus.

THÉRAPEUTE – Je vous ai également posé la question par rapport à votre adolescence. **Il peut y avoir des valeurs qui se créent par compensation, c'est-à-dire en réaction avec ce que nous avons vécu antérieurement.** Vous, votre enfance et votre adolescence ont été douloureuses, n'est-ce pas ? Est-ce que vous avez développé des aspirations pour continuer le système dans lequel vous étiez ou au contraire l'avez-vous rejeté ?

NATHALIE – Je l'ai rejeté. Par exemple, je ne suis pas capable de mentir et d'obtenir des choses de façon malsaine, et j'attends la même chose des autres.

THÉRAPEUTE – Là, vous me le décrivez par la négative. Alors est-ce que vous pensez avoir LE MALSAIN en contre-valeur ? Dans ce cas, cela voudrait dire que vous vous éloignez systématiquement de toute personne ou situation malsaine ou perverse.

NATHALIE – Vrai ! Je ne veux plus avoir aucun contact avec ma mère, qui est pathologique, et j'ai réussi à faire virer du travail mon chef, qui était un véritable manipulateur. Je pense maintenant à autre chose. Je me souviens qu'à l'adolescence, je voulais travailler avec les enfants dans un domaine qui touche à la psychologie.

THÉRAPEUTE – Pourquoi ?

NATHALIE – J'aime bien rassurer. Je n'aime pas voir les enfants souffrir. Je pensais à nous, les enfants, dans notre famille où il se passait beaucoup de choses. À aucun moment un psychologue n'est intervenu. Je crois qu'aujourd'hui ce serait plus facile.

THÉRAPEUTE – Oui, mais cela ressemble davantage à quelque chose que vous aimeriez faire par compensation. Ce n'est peut-être pas nécessairement une valeur, car sinon vous l'auriez déjà développée. Vous seriez assistante sociale, psychologue ou pédiatre. Or, vous êtes chef comptable.

NATHALIE – Non, l'idée ne me serait jamais venue avant. Mon but était de m'en sortir, de ne jamais manquer d'argent, de faire des études, etc.

THÉRAPEUTE – Oui, mais vous auriez pu faire des études de pédiatre ! Ainsi, vous n'auriez jamais manqué d'argent.

NATHALIE – Oui mais pour faire pédiatre, il faut faire médecine, et je n'aurais jamais supporté ça, moi !

THÉRAPEUTE – Vous auriez pu devenir psychologue. Et vous n'avez pas choisi d'être psychologue.

NATHALIE – À l'époque, on ne parlait même pas de ce métier !

THÉRAPEUTE – Vous avez 36 ans. À l'époque il existait déjà des facs où on étudiait la psychologie, la psychomotricité, l'orthophonie, la puériculture, etc. En fait, vous n'êtes pas allée chercher l'information. Vous n'êtes pas allée voir vos professeurs pour demander s'il existait un métier pour pouvoir aider les enfants. Donc ce n'était pas votre priorité à l'époque.

NATHALIE – Non, à l'époque, j'étais guidée par autre chose.

THÉRAPEUTE – Il y a de multiples façons d'aider les enfants sans faire trois ans ou cinq ans d'études. D'ailleurs, si c'était si important (en place de valeur donc), est-ce que vous ne feriez pas déjà partie d'une association ? Ne feriez-vous pas du bénévolat auprès des enfants ? Or jusqu'à maintenant, vous ne l'avez pas encore fait ! Selon moi, ce n'est donc pas un besoin mais plutôt un désir. Vous avez choisi une autre voie professionnelle. Pour certaines personnes, c'est assez facile de changer d'orientation lorsqu'ils prennent conscience de l'existence d'une valeur fondamentale. Pour vous, cela ne paraît pas si pressé...

NATHALIE – Je l'admets. Finalement, je n'ai pas la valeur AIDE AUX AUTRES.

Patricia cherche à se réaliser

Patricia, 43 ans, célibataire, est médecin généraliste. Son enfance a été très protégée par des parents adorables mais anxieux.

PATRICIA – J'ai AUTHENTICITÉ comme valeur.

THÉRAPEUTE – Est-ce que vous vous affirmez ?

PATRICIA – Récemment, oui. En fait, j'ai toujours dit ce que je pensais. C'était probablement ma seule façon de m'affirmer. Je ne suis jamais arrivée *à ne pas le faire* ! Il n'y a pas de décalage entre mes intentions et ce que j'exprime.

PATRICIA – Ensuite, j'ai LOYAUTÉ.

THÉRAPEUTE – Envers qui ?

PATRICIA – Envers mes amis et envers tout le monde.

THÉRAPEUTE – On peut être loyal à une religion, à quelqu'un, à un système, à un club ou à un thérapeute, à son mari, à sa famille. Mais pas être nécessairement intègre. Est-ce ainsi pour vous ?

PATRICIA – Oui, exactement. Ensuite, j'ai RESPECT DES AUTRES.

THÉRAPEUTE – Je vous rappelle qu'une valeur est une référence fondamentale. C'est un mode de fonctionnement qui s'applique dans les détails du quotidien. La valeur RESPECT DES AUTRES signifie que respecter les autres est une **priorité** pour vous. Or, si vous avez cette valeur, on ne peut pas dire que vous vous affirmez, puisque vous mettez chaque fois les désirs des autres avant les vôtres. La valeur RESPECT DES AUTRES crée un inconvénient certes, mais elle est surtout opposée au fait que d'une part vous êtes affirmée et que d'autre part vous êtes authentique.

PATRICIA – Pour moi, respecter les autres c'est important : faire attention aux autres, à mes voisins et à mes collègues, et ne pas gêner volontairement. Mais cela ne s'applique plus systématiquement à tout et à n'importe quoi, comme c'était le cas auparavant. Effectivement, avant d'avoir commencé à m'affirmer, je voulais absolument plaire à tout le monde et je constate que maintenant ce n'est plus le cas. Alors je crois que c'était une valeur, il y a encore un an, mais que ça ne l'est plus. Je la place dans les valeurs passées.

THÉRAPEUTE – D'accord. Il faut effectivement faire la différence entre être poli et respectueux et s'effacer systématiquement pour laisser les autres vivre comme ils le souhaitent. Quoi d'autre ?

PATRICIA – Il y a RÉUSSITE. Pour moi, réussir, c'est devenir ce que l'on est.

THÉRAPEUTE – En fait, vous me parlez de la démarche que nous sommes en train de faire actuellement. Lorsqu'on travaille sur les valeurs, on cherche à devenir ce que l'on est, n'est-ce pas ? Je crois que le terme RÉUSSITE n'est pas adapté. Il y a d'autres termes plus caractéristiques. ÉPANOUISSEMENT peut correspondre à ce que vous décrivez. Mais également SE RÉALISER. Notez que si vous avez ÉPANOUISSEMENT en valeur, c'est que vous êtes déjà épanouie. Mais je ne suis pas sûre que cela soit votre cas.

PATRICIA – Non, ce n'est pas le cas.

THÉRAPEUTE – La valeur SE RÉALISER semble plus adaptée. Cela explique que vous fassiez des thérapies, des lectures pour mieux vous comprendre, des stages de développement personnel et différentes démarches afin de vous réaliser. Qu'en pensez-vous ?

PATRICIA – C'est complètement ça ! C'est sûr, j'ai la valeur SE RÉALISER.

PATRICIA – J'ai comme contre-valeur LE MALSAIN.

Thérapeute – Est-ce que vous êtes encore en contact avec des gens malsains ?

PATRICIA – Oui.

THÉRAPEUTE – Alors on ne peut pas mettre LE MALSAIN en contre-valeur ! Tout ce que vous mettez en contre-valeur représente tout ce que vous ne vivez pas. Cela voudrait dire que vous n'avez donc aucun contact avec des gens malsains. Cela ne vous empêche pas de développer des attitudes, de prendre des décisions pour éviter définitivement, à l'avenir, toute personne malsaine.

CHAPITRE 8

Pyramides des besoins et des valeurs

La pyramide d'un certain Abraham

Abraham Maslow (1908-1970) a été le fondateur américain de la psychologie humaniste. Éminent psychologue, il a aussi créé ce que l'on appelle aujourd'hui «la pyramide de Maslow», qui correspond à la hiérarchie des besoins fondamentaux. Il découvre à l'époque que les besoins d'accomplissement personnel et d'épanouissement ne peuvent être satisfaits que si l'individu satisfait déjà d'autres besoins.

Dans l'ordre de priorité, Maslow place en premier les *besoins physiologiques* tels que respirer, boire, se nourrir, dormir, se réchauffer et avoir des relations sexuelles.

Les *besoins de sécurité* physique, morale, professionnelle, psychologique et familiale viennent sous-tendre les *besoins de reconnaissance et d'appartenance sociale,* qui permettent de se sentir intégré dans la société. Seulement ensuite viennent les *besoins d'estime,* qui se définissent comme le besoin de se réaliser, de se valoriser à ses propres yeux et aux yeux des autres à travers une occupation. La satisfaction de ces deux derniers besoins serait indispensable pour répondre aux *besoins d'autoaccomplissement et d'épanouissement* à travers une œuvre créative ou un engagement, par exemple. Autrement dit, il serait impossible d'atteindre la réalisation de soi si l'on ne se sent pas en sécurité, entouré et respecté. Voici ce que donne cette pyramide :

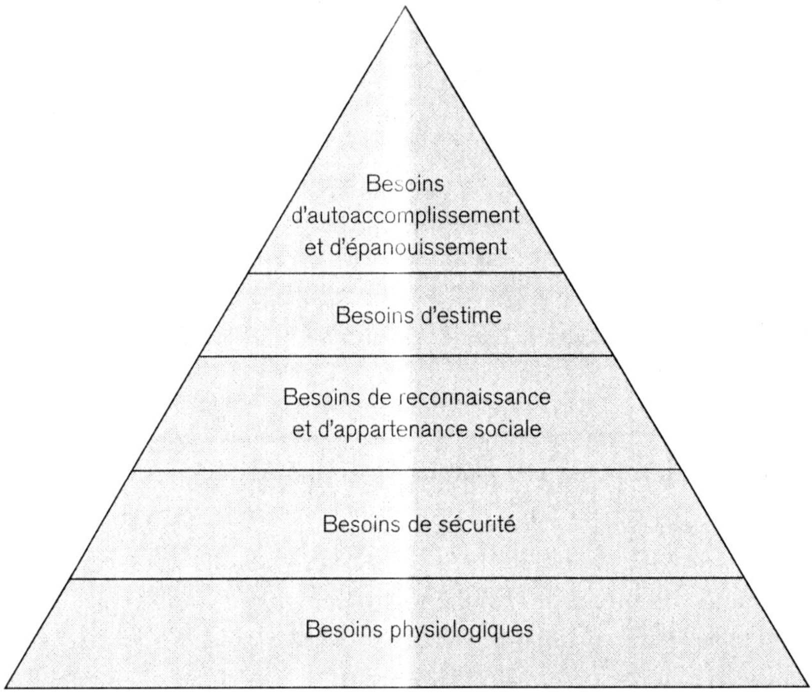

Malgré le fait que la plupart des spécialistes à travers le monde reconnaissent la validité de la pyramide de Maslow et que de nombreux formateurs en psychologie du travail, dont je fais partie, l'utilisent, j'observe tout de même que ce modèle ne fonctionne pas pour tous. Un certain nombre d'artistes sont en effet capables d'exprimer leur potentiel et leur art sans pour autant bénéficier de sécurité matérielle ou financière. Le texte de la chanson *La bohème*, de Charles Aznavour, en est d'ailleurs un exemple.

Le modèle de la hiérarchie des besoins (représenté plus tard par une pyramide) a été induit par l'observation de la population occidentale dans les années 1940. Bien que ce modèle ait été fortement utilisé dans les domaines de la psychologie du travail, il présente quelques défauts. En effet, il n'est pas forcément valide pour d'autres sociétés où le contexte social est différent. En outre, ce qui était valable en 1940 dans les contrées occidentales ne l'est peut-être plus à notre époque. De plus, nous pouvons observer, comme j'en donnais un exemple précédemment, qu'une personne peut sauter un palier pour satisfaire un palier supérieur. Par exemple, certaines personnes peuvent se montrer particulièrement imprudentes, même au détriment de leur sécurité, pour relever des défis dangereux (battre des records, par exemple), afin de satisfaire un besoin d'estime d'elles-mêmes et obtenir la considération des autres.

La pyramide des valeurs (d'Isabelle Nazare-Aga)

Malgré tout, ce modèle de Maslow, même imparfait, comporte un intérêt pour notre propos. **Nous pouvons mettre en parallèle la satisfaction de certains besoins et l'actualisation de certaines valeurs.**

Si l'on considère la première couche des besoins, c'est-à-dire les *besoins physiologiques*, j'avoue ne pas trouver de valeurs correspondantes à ce niveau (sauf peut-être la contre-valeur SOUFFRANCE).

Par contre, au deuxième palier de la pyramide de Maslow, *besoins de sécurité*, nous trouvons plusieurs valeurs susceptibles d'y correspondre : SÉCURITÉ MATÉRIELLE ET FINANCIÈRE, APPRENDRE (qui apporte aussi un sentiment de sécurité), SÉCURITÉ AFFECTIVE, SANTÉ, CONTRÔLE, FIDÉLITÉ, LOYAUTÉ, FAMILLE, TRAVAIL et parfois ARGENT. Les contre-valeurs suivantes peuvent également s'appliquer à ce palier de besoins : LE MALSAIN, MANQUE DE CONTRÔLE ainsi que MISÈRE. Je rappelle que les besoins de sécurité sont liés à l'aspiration de chacun d'être assuré du lendemain. Nous incluons dans cette catégorie la certitude de bénéficier d'un abri, de revenus et de ressources suffisantes, d'être protégé contre la violence, les agressions et la délinquance, de bénéficier d'un environnement psychologique sécuritaire, de stabilité familiale ou du moins affective, et enfin, d'avoir accès à des soins médicaux.

Le troisième palier correspond aux *besoins de reconnaissance et d'appartenance sociale*. À ce niveau, l'humain cherche à communiquer et à développer son appartenance à un groupe. Ce lien social va de pair avec le besoin de reconnaissance et de considération. Cela comprend le besoin d'amour, c'est-à-dire la possibilité d'aimer, d'être aimé et de fonder une famille. Nous pourrions y retrouver les valeurs suivantes : TRANSMETTRE, AIDE AUX AUTRES, UTILITÉ, RECONNAISSANCE SOCIALE, FIDÉLITÉ, LOYAUTÉ, RESPECT DES AUTRES, RESPECT, AMITIÉ, COMPLICITÉ, PARTAGE, COMMUNICATION, FAMILLE, PATRIE, POUVOIR, ARGENT, ainsi que des contre-valeurs telles que : INSÉCURITÉ AFFECTIVE, SOLITUDE, CONFLIT, RUPTURE, ÉCHEC, MANQUE DE RESPECT, MANQUE DE CONFIANCE, TRAHISON, COLÈRE, MANQUE DE RECONNAISSANCE, INJUSTICE, VIEILLESSE, REJET/EXCLUSION, RÉUSSITE (ne pas se donner les moyens de réussir peut apaiser l'angoisse que peut faire naître la possibilité de surpasser les siens et nous permet inconsciemment de rester dans la « norme » familiale), BONHEUR (pratiquement pour les mêmes raisons !).

Au quatrième palier de la pyramide, nous retrouvons les *besoins d'estime*. Nous pouvons y associer les valeurs suivantes : PLAISIR, AUTONOMIE, PROGRESSER, SAVOIR/CONNAÎTRE, ÉVOLUER, RESPONSABILITÉ, UTILITÉ, RÉALISATION PROFESSIONNELLE, RÉUSSITE, EFFICACITÉ, HONNÊTETÉ, AUTHENTICITÉ, RESPECT DE SOI, CONFORT, BIEN-ÊTRE, HARMONIE, ÉCOLOGIE-NATURE ainsi que les contre-valeurs suivantes : CONFORMISME, ENNUI, INUTILITÉ, ROUTINE, MÉDIOCRITÉ.

Cette catégorie de besoins révèle le besoin d'être reconnu et d'avoir une activité valorisante à ses propres yeux et aux yeux des autres, à travers une occupation. C'est dans cet espace qu'émerge le besoin de faire des projets, d'exprimer des opinions et des convictions, et d'établir des objectifs.

Enfin, le dernier palier qui, situé à la pointe de la pyramide, où se trouvent *les besoins d'autoréalisation*, correspond en général aux valeurs suivantes : DÉCOUVRIR, PLAISIR INTELLECTUEL,

Besoins d'autoréalisation
amour, aventure, bonheur, conscience, créativité, découvrir, épanouissement, esthétisme, foi, imaginaire, indépendance, intégrité, justice, liberté, plaisir intellectuel, se réaliser, spiritualité

Besoins d'estime
accomplissement, autonomie, authenticité, bien-être, confort, écologie-nature, efficacité, évoluer, harmonie, honnêteté, plaisir, progresser, réalisation prof., respect de soi, responsabilité, réussite, savoir, utilité
Contre-valeurs : conformisme, ennui, inutilité, médiocrité, routine

Besoins d'appartenance et de reconnaissance sociale
aide aux autres, amitié, argent, communication, complicité, famille, fidélité, loyauté, partage, patrie, pouvoir, reconnaissance sociale, respect, respect des autres, transmettre, utilité
Contre-valeurs : *colère, conflit, échec, injustice, insécurité affective, manque de confiance, manque de reconnaissance, manque de respect, rejet ou exclusion, réussite, rupture, solitude, trahison, vieillesse*

Besoins de sécurité
apprendre, argent, contrôle, famille, fidélité, loyauté, santé, sécurité matérielle et financière, travail, rejet du *malsain*, refus du *manque de contrôle*, rejet de la *misère*

Besoins physiologiques
Rejet de la *souffrance* (contre-valeur)

INDÉPENDANCE, LIBERTÉ, AVENTURE, JUSTICE, ACCOMPLISSEMENT, INTÉGRITÉ, ÉPANOUISSEMENT, SE RÉALISER, BONHEUR, CRÉATIVITÉ, IMAGINAIRE, ESTHÉTISME, FOI, SPIRITUALITÉ, CONSCIENCE, AMOUR.

Contrairement aux autres paliers, je ne suis pas certaine de devoir y placer quelques contre-valeurs. À ce niveau, nous éprouvons le besoin de communiquer avec notre entourage et de participer à l'amélioration du monde en ayant, le plus souvent, des activités purement désintéressées. Cela implique de poursuivre certains apprentissages avec effort et d'apprendre de nouvelles techniques. C'est ici que le mystère de l'homme se révèle. En effet, ce dernier cherche parfois à satisfaire des besoins d'ordre supérieur, même lorsque ceux situés à la base de la hiérarchie (besoins physiologiques et besoins de sécurité) ne sont pas comblés. J'ai donc l'impression qu'Abraham Maslow n'a pas rencontré ces individus qui, malgré un extrême dénuement et une insécurité quotidienne causant la souffrance et la maladie, conservent tout de même de solides attaches sociales et un fort sentiment d'estime de soi.

Pour clore le sujet de la classification de la hiérarchie des besoins, je citerai Épicure qui, quant à lui, classait les « besoins » en quatre catégories :

1- « Besoins naturels indispensables à la vie (boire, manger, dormir), au bien-être (maison, hygiène, diététique, affection) et au bonheur (philosophie, amitié, sagesse) ;
2- « Aspirations naturelles dont on peut à la rigueur se passer (le sexe, l'amour, les jeux, les arts, la science, etc.) ;
3- « Aspirations de création humaine et donc artificielles (richesse, gloire, etc.) ;
4- « Aspirations mystiques et non réalisables (désir d'immortalité, etc.). »

Nous constatons une différence entre les besoins et les aspirations ou désirs profonds. Les aspirations, qui sont parfois très puissantes, se situent à un niveau plus élevé que les besoins, que nous nommons ici les valeurs et les contre-valeurs.

CHAPITRE 9

Quand les valeurs d'autrui font obstacle

Les parents qui imposent leurs valeurs à leurs enfants

Voici une conversation entre Frédéric, 18 ans, et son père.

– Papa, j'ai réfléchi ; je ne veux pas faire l'école de commerce, je veux être comédien.

– Tu n'y penses pas, Frédéric ! 90 pour 100 des comédiens ne survivent que grâce à l'aide sociale. Amuse-toi à tes cours de théâtre mais n'envisage pas d'en faire un métier. C'est trop risqué !

– Je sais que c'est risqué, mais il n'y a que cela qui m'intéresse vraiment.

– Tu dis ça parce que tu es encore jeune. Tu n'as que 18 ans et à cet âge, tous les jeunes veulent être acteurs et aussi célèbres que Brad Pitt ! Ça te passera. Quand tu étais petit, tu voulais être pompier. Tous les enfants veulent être pompiers, footballeurs ou professeurs ! Tu vois bien qu'avec le temps les idées changent...

– Papa, quand on est petit, on n'a pas vraiment d'idée de notre avenir. Et puis, je ne te parle pas d'être acteur mais comédien.

– C'est pareil.

– Absolument pas ! Un comédien, c'est un littéraire. Il doit faire le Conservatoire ou une école sérieuse. Il travaille dur sur des textes d'auteurs classiques ou contemporains. Il doit s'imprégner de l'ambiance de l'époque, du personnage et de son histoire ; il doit travailler constamment sa mémoire. Un comédien, c'est pas la même chose qu'un acteur !

– Bon, d'accord pour la différence. Mais en attendant, ce n'est pas avec ça que tu vas gagner ta vie, payer ton loyer, élever tes enfants et, plus tard, leur payer des études. Frédéric, c'est trop risqué. Ta mère et moi n'avons pas l'intention de t'entretenir si tu ne réussis pas à gagner ta vie. Nous sommes prêts à te payer des études, même longues, mais pour quelque chose de sûr pour ton avenir ! »

Cette conversation enregistrée est somme toute assez banale. En effet, il est courant que nos parents aient l'instinct de projeter sur nous, à l'aube de notre vie adulte, leur propre style de vie, leurs propres références, leurs propres peurs et donc leurs propres valeurs (leurs contre-valeurs également). Beaucoup de parents n'ont pas pu se demander quelles en étaient les conséquences psychologiques pour leur enfant.

De génération en génération, et ce, depuis des millénaires, les parents ont le pouvoir (le devoir ?) d'exiger l'obéissance de la part de leurs enfants. Quand un enfant avait une aspiration, un talent, une attitude, un intérêt passionné ou un tempérament précis, il était facile de l'attribuer à un autre membre plus âgé de la famille (« Il est comme l'oncle Michel »). La notion que chaque individu est unique, même jeune, est donc récente.

Choisir l'avenir de son enfant est une démarche tout à fait naturelle pour la plupart des parents. Finalement, c'est comme si, de manière spontanée et inconsciente, les parents posaient le postulat suivant : « L'avenir de l'enfant n'est pas déterminé et son devenir doit être guidé par ce que ses parents connaissent de lui. » Jusqu'à récemment, nous n'imaginions pas que l'enfant était un individu à part entière et qu'il avait son propre destin.

Pour satisfaire leurs propres croyances et leurs valeurs profondes et prioritaires, bon nombre de parents (influencés par le milieu et l'époque dans lesquels ils évoluent) usent de leur influence pour amener leurs enfants à renoncer à leurs aspirations. Malheureusement, plusieurs de ceux, hommes ou femmes, qui ont laissé leurs parents les détourner de leurs rêves ont souffert (parfois des dizaines d'années plus tard) de profonds déséquilibres. Beaucoup ressentent également un sentiment de gâchis et de malheur (sans être nécessairement profondément malheureux). La plupart cherchent alors le sens de leur vie. Alors même qu'ils ont élevé des enfants, acquis leur propre maison, gagné de l'argent, obtenu toute l'aisance matérielle nécessaire au confort, il peut leur manquer quelque chose de beaucoup plus fondamental : la réalisation.

Problèmes de hiérarchie des valeurs dans un couple

Votre style de vie n'est pas le fruit du hasard, de la chance ou de la malchance. Inconsciemment, vous accordez la priorité à des idéaux, à des aspirations ou à des besoins spécifiques. Pendant ce temps, vous mettez peut-être de côté d'autres aspirations fondamentales et personnelles. Souvent, vous vous dites que vous ne « supportez » plus votre situation. Vous devenez alors dépressif, anxieux ou malheureux. Or, tant que vous ne changez pas votre situation (au travail, avec votre conjoint, votre réseau d'amis, avec vos voisins, etc.) c'est que vous la supportez ! En effet il existe sûrement d'autres priorités auxquelles vous voulez absolument répondre avant celles-là, par exemple, la SÉCURITÉ MATÉRIELLE, le RESPECT DES AUTRES, la RESPONSABILITÉ. En effet, il arrive parfois que nous vivions certaines valeurs au détriment d'autres et qu'on en éprouve de l'insatisfaction.

Prenons un exemple. Michael dit ne plus supporter son patron. Il est ingénieur informaticien (un métier en demande et exportable) et fait partie du service informatique d'un groupe industriel depuis deux ans. Cela fait 18 mois qu'il se plaint du manque de considération, de respect et d'encouragements de la part de son chef. L'ambiance au travail est désagréable. La précipitation, l'obligation de rendement élevé et le stress sont des marques d'une « culture d'entreprise » que son chef distille comme autant de preuves de réussite ou de progrès. Michael est bien payé et travaille à proximité de son domicile. Il a 27 ans, il est marié depuis deux ans et son épouse est enceinte de trois mois. Ils vivent dans une grande ville et sont locataires de leur appartement. Michael s'entend bien avec sa femme, mais des disputes éclatent de plus en plus fréquemment depuis un an.

Le stress que Michael subit à son travail (à cause de son patron et de la mentalité peu humaine qui règne dans son service) se répercute à la maison et son épouse trouve cela difficile. Il est irritable, parfois même agressif verbalement (« Fous-moi la paix un peu ! » « Arrête d'être sur mon dos ! »), fait injustement des reproches, dort mal et éprouve fréquemment des problèmes digestifs depuis peu. Françoise, son épouse, qui est infirmière scolaire, a vite décelé la cause de ce déséquilibre, à l'origine de leur dysharmonie. Elle lui conseille de changer d'emploi. Il refuse, arguant que « ce n'est pas si facile de trouver un boulot stable de nos jours ! » Elle insiste pour qu'il prenne du repos le plus rapidement possible. Il refuse également, répliquant qu'il faut deux salaires pour assumer la venue du bébé.

Michael a la valeur SÉCURITÉ MATÉRIELLE ET FINANCIÈRE en haut de sa hiérarchie. Il n'a ni BIEN-ÊTRE, ni HARMONIE, ni ÉPANOUISSEMENT ni BONHEUR parmi ses valeurs prioritaires. Même s'il dit à sa femme que leur bonheur est important à ses yeux, cela n'est vrai qu'en partie : son besoin de sécurité matérielle est bien plus important que son (leur) bonheur. C'est ainsi. Ce ne sont pas les discours qui font la hiérarchie des valeurs, mais les faits.

Est-ce que Michael a effectué des demandes d'emploi ou a-t-il fait parvenir son curriculum vitæ à des employeurs éventuels depuis 18 mois ? Non. Son épouse interprète cela comme un très mauvais signe. Celle-ci est dans un processus de développement personnel depuis cinq ans. Elle fait tout pour se construire une vie épanouie et être heureuse. Françoise a besoin d'être en paix avec elle-même, mais elle a également besoin d'un environnement harmonieux, ce qui n'est pas le cas depuis plus d'un an. Sans que Michael s'en rende compte, elle commence à se demander si elle n'a pas fait un mauvais choix en l'épousant. L'idée que leur couple ne durerait pas bien longtemps l'a effleurée, mais l'arrivée prochaine du bébé (désiré mais non prévu si tôt) change un peu la donne pour elle.

Les différences de degré d'importance des valeurs des deux membres du couple posent effectivement problème. À l'exception des cas où il y a manipulation ou violence physique, c'est probablement la cause sous-jacente de nombreux divorces. Arrive un moment où nous ne suivons plus le même chemin. Nous n'avons plus les mêmes priorités. Il est exceptionnel que la question des valeurs et des priorités de chacun soit discutée avant le mariage. Des valeurs communes existent probablement au départ, puisque nous nous manifestons à travers nos attitudes, nos comportements, nos discours et nos remarques. Si nous avons envie de partager notre vie avec une personne, c'est que « quelque part » nous avons des choses en commun avec elle. Nous cautionnons, admirons et apprécions plusieurs facettes et traits de personnalité chez l'autre. Nous avons des valeurs communes. Mais qu'en est-il des priorités de Michael et de Françoise ?

Françoise a également la valeur SÉCURITÉ MATÉRIELLE ET FINANCIÈRE dans ses cinq premières valeurs. Sa hiérarchie est la suivante :

1. INTÉGRITÉ ;
2. SE RÉALISER (HARMONIE-ÉPANOUISSEMENT) ;
3. AIDE AUX AUTRES ;
4. AUTONOMIE ;
5. SÉCURITÉ MATÉRIELLE ET FINANCIÈRE.

Or, voici celle de Michael :

1. SÉCURITÉ MATÉRIELLE ET FINANCIÈRE (en commun avec Françoise mais pas à la même place) ;
2. RESPONSABILITÉ ;
3. AUTONOMIE (en commun avec Françoise) ;
4. INTÉGRITÉ (en commun avec Françoise) ;
5. RESPECT DES AUTRES.

Certes, avec la valeur RESPECT DES AUTRES, tout de même placée parmi ses valeurs prioritaires (les cinq premières places sont considérées comme extrêmement importantes), Michael se sent coupable de ne pas satisfaire sa femme qui insiste pour qu'il change d'entreprise. Il s'en sent incapable, car sa toute première valeur rend tout changement, c'est-à-dire tout risque, terrorisant. De plus, sa deuxième valeur, RESPONSABILITÉ, vient renforcer la première.

Comment faire lorsque l'on vit en couple ou en famille pour faire correspondre les valeurs communes ? Un bon compromis consiste à faire des concessions en alternance. Or, une valeur est fondamentale, c'est-à-dire qu'elle ne se définit pas seulement comme un principe intellectuel mais comme un besoin vital. Ce n'est donc pas facile de faire descendre le degré d'anxiété chez Michael, à qui l'on demande de prendre le risque de ne pas trouver de travail immédiatement.

La thérapie cognitive dispensée par un professionnel (thérapeute cognitiviste) ou que l'on entreprend par soi-même est une voie intéressante. Elle est efficace quand on sait la faire. Si cette démarche ne nous permet pas de faire sauter nos blocages en quelques semaines ou en quelques mois, cela comporte l'avantage de nous dévoiler des croyances ou des valeurs qui restaient tapies dans l'ombre et que l'introspection permet de mettre au jour.

Certaines valeurs s'appuient sur des croyances qui génèrent des peurs souvent irrationnelles. Le besoin de sécurité matérielle d'un Somalien (on oublie ici « et financière ») qui se réfugie avec sa famille dans un pays voisin, est une valeur qui n'est pas basée sur une peur irrationnelle. Il peut effectivement mourir et les membres de sa famille également. Sa peur est totalement légitime. Il est vital pour lui de se trouver un toit, au pire une tente, de manger, de boire et de ne pas se trouver sur la trajectoire d'une balle de milicien ou de l'armée.

Qu'en est-il pour Michael ? Sa femme peut très bien percevoir l'absurdité de la situation, mais pas lui. Pour elle, il est grotesque de choisir de rester malheureux et de fragiliser sa relation de couple pour une question de salaires virés en fin de mois. Elle sait qu'ils ne mourront jamais de faim et qu'ils continueront à dormir sous un toit et dans un lit, même sans le salaire de Michael. Elle sait aussi que cela ne peut être que temporaire, étant donné tous les facteurs à prendre en compte dans leur situation réelle (et non imaginée par Michael).

Il revient à Michael de faire une concession indispensable afin de préserver sa santé et de sauver son mariage, et ce, pour deux raisons. Premièrement, parce que la rationalité occidentale considère que l'accès au bonheur et à la bonne santé (physique et mentale) est possible dans un pays qui connaît la paix et le progrès socio-économique. Deuxièmement, lorsque, comme Françoise, une personne a une valeur forte dans la sphère de la réalisation de soi, de l'épanouissement ou du bonheur, son conjoint ne peut pas lui faire renoncer à long terme (peut-être seulement pendant quelques jours) à ce besoin essentiel.

Pour se sortir de cette impasse, Michael peut et doit confronter sa réalité (on dit « son réel ») et sa croyance que s'il quitte ce **travail-là maintenant**, il se retrouvera en état de **précarité insupportable**. J'ai proposé à Michael de répondre à certaines questions avec franchise afin qu'il puisse confronter ses croyances avec la réalité :

- Quel est mon métier ?
- Est-ce que, statistiquement, c'est un métier en demande ou pas ?
- Est-ce le seul endroit de ma ville ou de ma région, où je peux trouver un poste d'informaticien ?
- Si je me dis que je suis *très bien* payé, est-ce à dire que je serais *obligatoirement moins bien* payé ailleurs ?
- Si je pense que oui, de combien ?
- Si je trouve un emploi moins bien payé ailleurs, cela serait-il si dramatique (loyer en retard, factures d'électricité ou de téléphone impayées, nourriture de mauvaise qualité) ?
- Qu'est-ce qui est le plus risqué ? Être moins bien payé si je change de société, ou bien ne pas retrouver l'harmonie avec ma femme, perdre la santé, ma bonne humeur et ma joie d'aller travailler le lundi matin ?

Cet exercice ne résout pas les difficultés que peut occasionner la valeur SÉCURITÉ MATÉRIELLE ET FINANCIÈRE lorsqu'elle se trouve en première place. Il s'agit simplement d'un moyen parfois efficace de faire descendre *temporairement* cette valeur dans la hiérarchie. Michael doit résoudre un dilemme grave de conséquences à moyen et à long terme : problèmes de santé, échec de son mariage, dépression, etc. Le cas du couple que nous venons de décrire nous permet de rester optimiste. Michael et Françoise ont en commun trois valeurs prioritaires sur cinq.

Malheureusement, lorsque les membres d'un couple n'ont plus aucune valeur prioritaire en commun (parmi les cinq premières), la réalité est très sombre et très douloureuse. L'amour et la tolérance laissent progressivement place au mépris, à l'agacement, à l'évitement, aux disputes, à l'ennui et, évidemment, au doute et au questionnement. Il est à noter que le terme « évidemment » s'applique surtout aux femmes, car peu d'hommes se questionnent sur l'avenir de leur couple…

Chapitre 10

Oser concrétiser

Avoir une vie qui nous ressemble vraiment peut représenter un défi : celui de résister à l'influence de notre entourage. Devenir soi demande du courage.

Alors, à quoi faut-il être prêt pour oser concrétiser cette vie qui nous attend ?

Il s'agit d'abord **d'accepter le fait que nous ne correspondons pas à l'idéal d'autrui** (nos parents), ou aux diktats de notre milieu d'origine ou d'un quelconque groupe social (ou religieux).

Il s'agit aussi **d'accepter que des forces puissantes et des aspirations profondes** qui nous habitent souvent depuis l'adolescence, parfois depuis l'enfance, **sont significatives**. Rappelons que la compétitivité et la comparaison avec quiconque n'a aucune raison d'être dans cette quête. Il s'agit d'une reconnaissance de soi par… soi.

Lorsque des transformations s'imposent, je crois qu'il est nécessaire de **procéder étape par étape** plutôt que de tout changer d'un seul coup. En effet, malgré leur désir conscient de réussir, certaines personnes effectuent trop rapidement et trop radicalement des changements majeurs dans leur vie. Elles croient bien faire mais se retrouvent soudainement face aux difficultés normales et bien réelles d'une nouvelle vie. Elles font face à la peur de l'échec dès que les premiers obstacles, parfois difficiles à franchir, se dressent sur leur route. Cette peur les conduit vers la stagnation et le retrait. Pour réussir, il faut apprendre à décider rapidement mais à agir lentement.

Il faut donc **accepter que la peur pointe son nez au début... sans qu'elle nous fasse rebrousser chemin pour autant**.

Aussi, bouleverser sa vie quand on a des enfants et/ou un conjoint demande une **préparation intelligente** et probablement une **négociation préalable**.

Je me souviens de cette femme de 34 ans qui est venue me consulter, il y a quelques années, et qui souffrait de dépression majeure. Elle n'en connaissait pas la cause et nous avons cherché ensemble son origine. Ce n'est qu'en constatant que sa vie sociale, professionnelle et conjugale était parfaitement équilibrée que je suis allée à la recherche d'une éventuelle frustration de vie.

Quelle ne fut pas ma surprise de constater que malgré son métier d'informaticienne et son poste de gestionnaire d'une grande équipe, et malgré le fait qu'elle était très bien rémunérée, autonome et libre d'établir ses horaires, elle vivait une frustration depuis l'âge de 18 ans : celle de ne jamais avoir fait d'études de médecine, et donc, de n'être jamais devenue médecin ! Pour une raison obscure, ses parents ont refusé qu'elle entreprenne ces études. Elle n'a jamais pu se remettre de cette frustration.

Nous avons recherché ensemble ses valeurs prioritaires. AIDE AUX AUTRES se situait tout en haut de sa liste ! De plus, ses autres valeurs ne correspondaient pas à ce qu'elle vivait professionnellement. Son statut d'informaticienne et de cadre ne lui correspondait en rien. Elle n'avait pas choisi cette vie et s'y ennuyait.

Bien des larmes ont coulé durant ce processus de découverte. Cependant, il nous a fallu très peu de séances pour qu'elle se décide à vivre enfin le rêve de sa vie : devenir médecin. À 34 ans, elle s'est inscrite à la Faculté de médecine, ce qui impliquait qu'elle était prête à entreprendre sept longues années d'études, et de faire partie d'un groupe de gens beaucoup plus jeunes qu'elle, c'est-à-dire âgés en moyenne de 18 ans. Nous avons confronté sa peur d'être questionnée sur son âge en utilisant une approche cognitive et en ayant recours à la relaxation avec visualisation : elle se voyait répondre avec sérénité.

Entre-temps, elle a osé faire une démarche fondamentale : demander à son mari de la prendre en charge financièrement pendant les sept ans que ses études dureraient. Elle a pris le temps de lui dévoiler enfin son besoin absolu de devenir médecin. Celui-ci a accepté immédiatement. Sept mois plus tard, son rêve devenait réalité : elle entreprenait ses études de médecine.

Pour effectuer un changement de vie, il faut **oser surprendre**.

Il faut avoir le courage parfois de **reprendre des études**.

Il faut parfois accepter de **devenir dépendant** de son conjoint ou de ses parents ou accepter de contracter un emprunt à la banque pour entreprendre des études.

Il faut parfois avoir le courage… **d'abandonner ses études** !

Il faut oser prendre des **risques financiers**.

Il faut **dépasser sa peur de perdre ses repères** familiaux, sociaux et géographiques si un **déménagement** s'avère nécessaire.

Il faut s'attendre à **se serrer la ceinture** pendant quelques années.

Et à l'instar de Frédéric par rapport à son père (voir p. 227), on se souhaite de **savoir refuser** le chemin qu'on nous indique quand c'est un autre qui nous appelle avec insistance.

Par hasard, à l'instant même où j'écris ces lignes, je regarde la première émission de *Star Academy*, saison 7, en France. Une jeune fille de 17 ans, prénommée Yaëlle, répond tout simplement à l'animateur que « la musique est toute sa vie » et qu'elle ne vit « que pour la musique ». Dans sa présentation, nous apprenons en effet qu'elle a quitté l'école pour s'adonner exclusivement à la musique, au chant et à la composition. Elle aurait, à son âge, déjà plus de 100 compositions musicales à son actif ! Cette décision d'arrêter l'école semble être très risquée vue de l'extérieur. Mais elle savait, au plus profond d'elle-même, qu'elle était faite pour réussir dans le domaine de la musique. Bravo !

Un autre jeune homme, dans la même émission, vient de dire à l'instant qu'il regrette que son père ne soit plus vivant : « J'aurais aimé qu'il voie, qu'il me voie tel que je suis… Je suis chanteur ! »

Dans son témoignage, il nous dévoile que son père, très sévère, refusait totalement qu'il s'engage dans toute voie musicale, car selon lui, « c'est un métier de crève-la-faim ». Je suis sensible à ce qu'il vient de dire. Il ne pourra jamais obtenir la reconnaissance de son père. Je suis bouleversée même…

Le choix d'une direction en fonction de nos valeurs prioritaires me semble particulièrement important lorsque nous démarrons notre vie d'adulte. Grâce à mon métier, j'accompagne des jeunes garçons et des jeunes filles qui souhaitent, à leur propre demande ou à celle de leurs parents, vérifier si le type d'études dans lesquelles ils se sont engagés est la juste voie pour eux. Pour le moment, j'ai remarqué que cette démarche ne vient qu'après l'inscription et les premiers mois ou les premières années d'études… Seulement deux à trois séances d'une heure suffisent habituellement pour faire le point d'une manière assez précise. Voici deux cas dont je me suis occupée.

Commençons par Caroline. Celle-ci vient d'avoir 18 ans. Elle est en prépa (classe préparatoire aux concours des grandes écoles) de biologie et sciences. Sa mère me l'envoie afin de l'aider à vérifier si elle doit changer de domaine et, si oui, lequel choisir ? En effet, Caroline n'a plus d'intérêt pour la physique, ni pour la biologie ou les mathématiques (cela tombe mal !). Elle ne travaille pas assez et court à l'échec. Elle me dit faire la différence entre avoir choisi la biologie et la prépa.

Je comprends alors qu'elle a choisi une voie de garage en attendant le déclic. Il est prévu qu'elle partira à Montréal dans deux mois pour suivre un cursus universitaire d'urbanisme. Lorsque je procède à la recherche des valeurs avec des adultes confirmés, je leur propose de se remémorer à quoi ils aspiraient lorsqu'ils avaient 15 ans. Ici, j'ai fait l'inverse. J'ai donc demandé à Caroline de **fermer les yeux** et de **s'imaginer comment et où elle se voit à 40 ans, dans le meilleur des cas.** Voici comment la recherche s'est déroulée chronologiquement.

À 40 ans, Caroline se voit vivre à l'étranger, aux États-Unis ou quelque part en Europe, et dans une ville moderne telle que

Londres. Elle dit aider les gens; être dans les relations humaines; parler l'anglais et aimer ça; elle se voit dans un lieu animé; sortir au restaurant; avoir des amis et un amoureux. Elle s'imagine heureuse et fière de ce qu'elle fait. Elle se voit passionnée et joyeuse.

Puis je lui demande de s'imaginer au travail. Là, elle visualise un bureau avec des papiers partout. Elle se voit réaliser un projet à long terme. Elle se voit travailler de façon indépendante mais pas toute seule. À cet instant, je note la valeur AUTONOMIE afin de penser à vérifier la pertinence de cette valeur ultérieurement. Je poursuis en lui posant des questions de plus en plus précises afin de détecter à travers ses réponses ses valeurs et ses contre-valeurs.

Je note l'aspiration à accomplir une mission, la créativité, le besoin de reconnaissance de son identité à travers son travail, le désir d'accomplissement, le contrôle ou le manque de contrôle (valeur ou contre-valeur ?) et enfin un fort besoin d'action.

À partir de ce moment-là, je « fais le ménage ». Je rentre dans des considérations extrêmement concrètes pour qu'elle puisse, toujours les yeux fermés, se projeter et ressentir des sentiments comme l'enthousiasme, la passion, le dégoût ou l'indifférence. De là, j'apprends qu'elle n'aime pas faire les comptes. Elle ne veut exercer aucun contrôle sur le travail des autres. Elle ne veut pas devenir pharmacienne ni médecin (ses deux parents sont médecins). Elle veut bien faire accessoirement de l'aide humanitaire mais pas en faire son activité principale. Finalement, elle trouve qu'elle ne serait pas d'une grande aide, car elle craint la misère (contre-valeur MISÈRE). Elle m'affirme n'être pas suffisamment passionnée pour la médecine et, lorsque je lui soumets l'idée de devenir psychologue, elle me répond : « Pourquoi pas, si je devais choisir une profession… » (Elle n'est donc pas enthousiaste.)

Je comprends qu'en la dirigeant vers des métiers censés combler la valeur soupçonnée AIDE AUX AUTRES nous faisons fausse route. Je me fixe alors sur sa description des différents ingrédients dont elle a besoin au travail uniquement et j'en fais la synthèse.

Elle ne veut pas commander, mais accepte de travailler en équipe (AUTONOMIE). Elle veut être dans l'action, et celle-ci doit être suffisamment importante et remarquable pour que sa patte créative soit reconnue (CRÉATIVITÉ et RÉUSSITE). Elle se voit travailler dans la créativité mais par mission. La notion d'accomplissement, qui peut être une valeur chez elle (ACCOMPLISSEMENT), est justement cohérente avec la notion de mission.

Avec cette synthèse, j'imagine différents métiers qui pourraient lui correspondre. Je lui suggère donc, par exemple, la mode. Elle me répond que c'est un milieu superficiel et me dit craindre qu'il y ait trop de monde sur les rangs (peut-être anticipe-t-elle ici la peur de ne pas réussir à sortir du lot). À ma suggestion d'être styliste ou dessinatrice, elle me répond qu'elle ne se voit pas dessiner. Nous rentrons alors dans l'univers du cinéma. Elle se voit davantage réaliser des choses, élaborer des scénarios. Je comprends qu'elle n'a aucun désir d'être actrice mais qu'elle a besoin d'une action concrète. Je lui suggère alors le métier de décoratrice au cinéma ou de cameraman. C'est alors que, pour la première fois, tout son visage s'éclaire ! Elle sourit jusqu'aux oreilles !

Par comparaison, je lui demande de visualiser un bureau derrière lequel elle se tient avec des papiers un peu partout. Son visage se fige et la différence est très nette. Il ne faut surtout pas qu'elle travaille dans un bureau, que les papiers soient rangés ou non ! Elle se souvient alors avoir beaucoup aimé faire de la sculpture quand elle était enfant. Une deuxième séance seulement a pu nous aider à confirmer qu'effectivement, selon ses termes, elle « adorerait faire le métier de décoratrice au cinéma ».

Caroline est partie à Montréal, mais n'a pas pu s'inscrire à temps au cours d'urbanisme. Son séjour de quatre mois se prolonge, puisqu'elle y est depuis 12 mois et qu'elle compte bien y rester ! Sa mère vient de m'annoncer, il y a quelques semaines, qu'elle vient justement d'être embauchée pour un stage de fabrication de décors de cinéma. J'espère de tout cœur que Caroline a réellement trouvé sa voie.

L'autre cas, plus court, est celui de Loïc. Ce dernier a 23 ans et étudie la guitare au conservatoire à Paris. Il est en thérapie d'affirmation et d'estime de soi lorsqu'il vient me consulter, afin de vérifier si la voie professionnelle qu'il a choisie est la bonne.

Loïc est arrivé seul de province, il y a un an. Il travaille à temps partiel dans un très grand magasin de disques, tout en poursuivant ses études de musique classique. Il dit « ressentir parfois de l'angoisse par rapport à la voie qu'il a choisie ». Il fait régulièrement la comparaison avec la vie de ses parents et de ses amis qui « sont déjà dans un métier ». Il se demande donc s'il ne s'est pas trompé.

Il sait qu'en tant que concertiste, il sera amené à enseigner la guitare classique. Son but, me dit-il, est de devenir professeur. Il doit passer un diplôme dans quatre ou cinq ans. Cependant, il est hanté par la peur de l'échec. Il est motivé, mais il remarque que ses professeurs le poussent à faire toujours plus. Il ressent alors du découragement et a tendance à laisser tomber pour faire autre chose. Récemment, il a passé deux semaines sans toucher à sa guitare. Quand je lui demande ce qu'il aimerait faire quand il dit « autre chose », ses réponses sont floues et il me parle de « partir dans un autre pays » (sans me dire lequel).

Nous commençons alors une recherche de ses valeurs et de ses contre-valeurs. Voici les principes clés : il veut se cultiver et apprendre des choses afin de « grandir » ; ces deux principes deviennent donc des valeurs de moyens pour la valeur ÉVOLUER. Il veut voyager afin de « ne pas étouffer dans le même endroit ». Il veut avoir « plusieurs choix de vie ».

Nous parlons de sa vie amoureuse et de sa petite copine avec qui il est depuis quatre ans et qu'il souhaite quitter, car il a le sentiment d'étouffer. Nous découvrons qu'en fait, il ne supporte pas la routine (contre-valeur ROUTINE).

Il me dit vouloir apporter du plaisir aux gens (à travers la musique par exemple) ; il a besoin de partager, mais dans le but de transmettre (valeur TRANSMETTRE). Nous parlons ensuite longuement du plaisir. Sa définition est de se sentir bien dans un lieu, avec un «bon cadre social». Il dit avoir besoin de faire partie d'un groupe de jeunes gens de son âge, pour la complicité et la proximité avec les autres. Il a besoin de relations durables et stables sur les plans affectif et professionnel. Nous reconnaissons qu'il a la valeur SÉCURITÉ AFFECTIVE.

Je prends alors le temps de vérifier s'il a besoin de sécurité matérielle et financière. J'ai remarqué que pour beaucoup d'artistes, cette valeur n'était pas prioritaire. Or, pour Loïc, la SÉCURITÉ MATÉRIELLE ET FINANCIÈRE est prioritaire. C'est la raison pour laquelle il sacrifie régulièrement son temps d'étude pour travailler dans un magasin. Pour cela, le travail *régulier* de professeur de musique ou de guitare lui conviendrait parfaitement, en plus d'être concertiste pour le plaisir.

Je lui révèle donc, non sans une certaine joie, que la voie qu'il a choisie est cohérente avec ses valeurs personnelles. Il devra cependant à l'avenir réévaluer régulièrement ses croyances perfectionnistes, qui lui occasionnent trop d'anxiété.

Déclarer qu'on veut faire le métier d'informaticien, de médecin, d'avocat, de professeur, de peintre ou de décorateur **n'a d'intérêt que si l'on comprend les sentiments intimes que l'on a besoin de vivre à travers ces activités**.

L'objectif de cette recherche intime n'est autre que de se sentir épanoui et «à sa juste place». Quand nous avons atteint le centre de nous-mêmes et que nous y puisons la sève pour la ramener à la surface de notre vie, nous respirons la joie et nous déployons une énergie insoupçonnée. Si vous suivez la mouvance de vos valeurs sur votre échelle des priorités, vous serez surpris de constater que cette énergie dure toujours.

Annexe 1
Tableau des 56 valeurs

Parmi les valeurs suivantes, lesquelles vous correspondent ?

Cochez 15 valeurs au maximum puis notez-les (de 10 à 1).

	Oui	Note		Oui	Note
Sécurité matérielle et financière (p. 52)			Respect des autres (p. 102)		
Sécurité affective (p. 54)			Respect de soi (p. 104)		
Apprendre (p. 57)			Respect (p. 105)		
Progresser (p. 58)			Confort (p. 107)		
Savoir/Connaître (p. 59)			Bien-être (p. 109)		
Découvrir (p. 60)			Plaisir (p. 110)		
Plaisir intellectuel (p. 61)			Épanouissement (p. 111)		
Transmettre (p. 61)			Harmonie (p. 112)		
Évoluer (p. 62)			Se réaliser (p. 112)		
Autonomie (p. 65)			Bonheur (p. 114)		
Indépendance (p. 66)			Amitié (p. 116)		
Liberté (p. 67)			Complicité (p. 117)		
Responsabilité (p. 71)			Partage (p. 118)		
Aventure (p. 74)			Communication (p. 118)		
Aide aux autres (p. 76)			Créativité (p. 120)		
Justice (p. 78)			Imaginaire (p. 121)		
Utilité (p. 80)			Esthétisme (p. 121)		
Réalisation professionnelle (p. 82)			Foi (p. 124)		
Reconnaissance sociale (p. 83)			Spiritualité (p. 125)		
Efficacité (p. 85)			Conscience (p. 126)		
Accomplissement (p. 87)			Amour (p. 128)		
Réussite (p. 88)			Famille (p. 130)		
Contrôle (p. 92)			Travail (p. 131)		
Honnêteté (p. 94)			Patrie (p. 132)		
Authenticité (p. 95)			Pouvoir (p. 134)		
Intégrité (p. 96)			Argent (p. 135)		
Fidélité (p. 97)			Santé (p. 137)		
Loyauté (Loyalisme) (p. 98)			Écologie, Nature (p. 138)		

Annexe 2
Tableau des 30 contre-valeurs

Parmi les contre-valeurs suivantes,
lesquelles vous correspondent ?

Cochez 10 contre-valeurs au maximum puis notez-les (de 10 à 1).

	Oui	Note		Oui	Note
Bonheur (p. 141)			Manque de contrôle (p. 160)		
Colère (p. 143)			Manque de reconnaissance (p. 162)		
Conflit (p. 144)			Manque de respect (p. 163)		
Conformisme (p. 145)			Médiocrité (p. 164)		
Culpabilité (p. 147)			Misère (p. 166)		
Dépression (p. 148)			Perte de temps (p. 168)		
Échec (p. 149)			Rejet/Exclusion (p. 172)		
Ennui (p. 151)			Réussite (p. 173)		
Frustration (p. 152)			Routine (p. 175)		
Injustice (p. 153)			Rupture (p. 176)		
Insécurité affective (p. 154)			Solitude (p. 177)		
Insécurité matérielle (p. 155)			Souffrance (p. 178)		
Inutilité (p. 156)			Stress (p. 180)		
Le malsain (p. 157)			Trahison (p. 181)		
Manque de confiance (p. 159)			Vieillesse (p. 182)		

Bibliographie, pour aller plus loin...

AUGER, Lucien. *S'aider soi-même. Une psychothérapie par la raison,* Montréal, Éditions de l'Homme, 1974, 2004.

CORNEAU, Guy. *Le meilleur de soi,* Paris, Robert Laffont, 2007.

FANGET, Frédéric. *Où vas-tu ?* Paris, Les Arènes, 2007.

FILLIOZAT, Isabelle. *Trouver son propre chemin,* Belfond, L'Âge du Verseau, 1991, Pocket, Évolution, 1992.

FRANKL, Victor. *Découvrir un sens à sa vie,* Montréal, Éditions de l'Homme, 1996, 2006.

HAHUSSEAU, Stéphanie. *Comment ne pas se gâcher la vie,* Paris, Odile Jacob, 2003.

LECOMTE, Jacques. *Donner un sens à sa vie,* Paris, Odile Jacob, 2007.

MONBOURQUETTE, Jean. *À chacun sa mission,* Ottawa, Novalis, 2003

PAQUETTE, Claude. *Vivre ses valeurs naturelles,* Éditions Contreforts, 2005.

ROBBINS, Anthony. *L'éveil de votre puissance intérieure,* Montréal, Éditions de l'Homme, 2005, 2007.

YOUNG, Jeffrey E. et Janet S. KLOSKO. *Je réinvente ma vie,* Montréal, Éditions de L'Homme, 1993, 2003. Titre original : *Reinventing your life,* Dutton, 1993.

Table des matières

Deuxième partie
La description des valeurs et des contre-valeurs

Chapitre 3

Chapitre 4

Troisième partie

Vivre dans le respect de nos valeurs et de nos contre-valeurs

Achevé d'imprimer
à Noyelles sous Lens en juillet 2008
pour le compte du Grand Livre du Mois

Imprimé en France
Dépôt légal : juillet 2008